教師のための子どものもめごと解決テクニック

益子洋人 著

金子書房

まえがき

本書の目的は、子どもに関わる大人——主として教員や保護者の方々など——に、子どものもめごとを上手に解決するための理論とスキルを伝えることです。

子どものもめごとを上手に解決するスキルを知りたいと思っている大人は、少なくないようです。たとえば、「子どものケンカ」という言葉をgoogleで検索すると、六五万件ものサイトがヒットします（二〇一七年二月当時）。また、筆者の身近なところでは、地域の児童サークルのスタッフの方々が、上級生と下級生のやりたいことが違うので、企画をまとめるのが一苦労であるという話をしているのを、耳にしたこともあります。

しかし、子どものもめごとをどのように扱えばよいのかに関しては、大人たちの間でも、意見が分かれています。たとえば、ある人は、「ケンカした子の話を聴いて、まず気持ちを落ちつかせるべきだ」といいます。また別の人は、「子どものケンカには、基本的に大人が介入するべきではない」といいます。これは、どちらがよいのでしょうか？　また、もっとよい関わり方は、ないのでしょうか。

この疑問に答えるため、筆者は心理学や、もめごとを学問的に研究する立場から、子どものもめごとに対する見立てと介入の方法について探索し、「メディエーション」と「統合的葛藤解決スキル」という方法に出会いました。これらのスキルを身につけるエクササイズを教育学部の授業の中で実践したところ、教育実習前にその授業を履修した学生は、実習後に、「実習中に子どものケンカを解決することができた」「実習前に授業を受けられてよかった」などの報告を挙げてくれるようになりました。子どもたちと短期間しか関わらない実習生でさえ、この理論やスキルのよさを実感できたのですから、日常的に子どもと関わっている教員や保護者の方々に知ってもらうことができれば、子どもへの援助効果は、もっと高まるのではないでしょうか。

しかし、従来、教師や保護者を対象とした「メディエーション」に関する図書は多くありませんでした。それどころか、「統合的葛藤解決スキル」は、ほとんど注目されていません。そこで、本書では、科学的に効果が実証されつつある子どものもめごとを解決する方法と、それを身につけるためのエクササイズを紹介し、教員や保護者の一助となることを目的とすることにしました。

本書は、全四章構成となっています。第Ⅰ章は、理論編です。ここでは、本書で取り扱う「もめごと」の特徴と、その解決方法に関する基礎的な知識を解説しています。第Ⅱ章と、第Ⅲ章は、実践編です。第Ⅱ章では、子どものもめごと解決を応援する具体的な方法の一つとして、大人がもめごとに介入し、おたがいに納得できる解決策を考え出すサポートである、「メディエーションを行う」ことを取り上げました。第Ⅲ章では、子どものもめごと解決力を直接的に高めるため、おたがいに納得できる解決策を考え出すスキルである「統合的葛藤解決スキルを教える」ことを取り上げました。そして、第Ⅳ章は、子どものもめごと解決を考えるときによく挙げられる、いくつかの疑問に回答しました。

本書が、子どものもめごと解決を応援する教師や保護者の方々の力になれるならば、筆者としては、無上の喜びです。

益子　洋人

目次

I

もめごと解決の理論

1 「もめごと」とは

本章では、「もめごと」の特徴と、その解決方法に関する基礎的な知識を学びます。まず、「もめごと」が学問的にどのように定義されてきたのかを概観し、本書で取り扱う「もめごと」とはどのような現象を指すのかを説明します。次に、「もめごと」の解決手段の心理学的な分類を紹介し、中でももっともメリットが大きいと言われている統合的解決について解説します。そして、子どもたちが「もめごと」を統合的に解決するのを応援する具体的な手段として、「メディエーションを行う」ことと「統合的葛藤解決スキルを教える」ことという、二つのスキルを紹介し、それらを学校に取り入れていくための基本的な留意事項を見ていくことにします。

本書における「もめごと」の定義

最初に、「もめごと」の学問的な定義を理解しておきましょう。どのような現象を「もめごと」と呼ぶのかを理解しておくことは、眼前で明らかにもめごとが生じている場合はもちろん、実はひそかにもめごとの火種が存在しているかもしれない場合にも目を向け、子どもたちのもめごと解決を適切に応援できるようになることにつながるからです。

なお、「もめごと」とは、学問的には「対人葛藤（interpersonal conflict）」という言葉で言い表されてきました。しかし、本書では、できるだけわかりやすい表現を心がけたいので、「もめごと」という言葉で統一しています。

もめごと解決を研究する学問には、当事者の視点から主観的に「もめごと」を捉えようとする立場と、第三者的な視点から客観的に捉えようとする立場があります。

前者の代表的な定義としては、「自分の欲求や期待が他者によって阻止されていると認知することで生じるもの」というトーマス（Thomas, 1976）の定義や、「個人の行動、感情、思考の過程が、他者から妨害されている状態」というケリー（Kelly, 1987）の定義などが挙げられます。これらの二つの定義は、いずれも、個人の視点からもめごとを捉えようとするものです。いわば、「自分と他者との間で、したいことやしたくないことに、ズレがあると思われる状態」を指すと考えられます。

一方、後者の代表的な定義としては、たとえば、「目標を達成しようとするとき、ものの見方が違うことや、目標達成が阻止されたことがわかり、不快な感情的反応を経験している当事者間の力動的な過程」というバーキー&ハートウィック（Barki & Hartwick, 2004）の定義が挙げられます。これは、当事者間で力動的な過程、つまり相互作用が生じたことが仮定されています。したがって、これは、もめごとを比較的客観的に捉えようとする立場の定義であるといえるでしょう。

それでは、現在の子どもたちに関わる「もめごと」を捉えようとするときには、どちらの定義に基づくのが望ましいのでしょうか。それは、前者のように、当事者の視点から主観的に「もめごと」を捉えようとする立場だと考えられます。なぜなら、後者のように第三者的な視点から客観的に捉えようとする立場では、子どもたちが抱える対人関係上の困りごとを捉えきれないと考えられるからです。

たとえば、ある授業で、教師が二人組を作るように指示した場面を想像してみましょう。AさんはBさんと組みたいと思っていましたので、Bさんを誘おうと思いました。しかし、Bさんはそれよりも早く、「わたしはCさんと組む」と言って、約束をしてしまいました。Aさんからすれば、「Bさんとペアを組みたい」という希望が、Bさんの「Cさんとペアを組みたい」という希望によって、達成できなかったことになります。Aさんはこの時点で、怒りや不安、困惑などの、何らかの不快な気持ちを抱えることでしょう。当事者の立場から主観的に「もめごと」を捉えようとする立場では、これはもはや「もめごと」です。しかし、第三者的な立場から客観的に捉えようとする立場から見れば、相互作用が生じていませんから、まだ「もめごと」ではありません。Aさんが、「じゃあ、次の機会はわたしとペアになろう」と言ったり、「考え直してほしい」と言ったりしたとき、はじめて「もめごと」として捉えられることになります。このように、「もめごと」を第三者的な視点から客観的に捉える立場では、子どもたちの抱える困りごとの一部を問題と見なすことができないのです。

また、現代の子どもたちは、怒りや不安、困惑や不満を生じたときに、それを表現できるとは限りません。むしろ、抑制する傾向にあるといわれています。それにもかかわらず、当事者間の相互作用が生まれた段階から「もめごと」と捉えるならば、前述の例のように、一方のみがものの見方の違いに気づいており、目標達成が阻止されたと感じている状況が、いっそう見えにくくなり、援助の対象外になってしまいます。これでは、子どもたちのもめごと解決に向けた取り組みを充分に応援できなくなってしまうのではないでしょうか。

それより、一方が問題だと感じたことを、どのように相手と共有し、対話を進めていくのかということについて考えていける方が、子どもたちのためになると考えられます。そのため、本書では、当事者の視点から主観的に「もめごと」を捉えようとする立場から、子どものもめごと解決について論じていくことにします。決して、言い争いや暴力を伴う、いわゆる「ケンカ」のような、誰が見ても明らかに「もめごと」とわかるものだけを対象とするものではありません。もちろん、そのような「ケンカ」は、ここで言う「もめごと」がエスカレートした先に存在するものかもしれません。しかし、誰が見てもわかる「ケンカ」のような状態にはなっていなくても、「もめごと」は起こりうるということです。そして、本書で学習する「もめごと解決テクニック」とは、ケンカだけではなく、ケンカ未満、または未ケンカとも言いうる「もめごと」もターゲットとするものです。

なお、前述の定義では、相手の目標の達成を妨害したり、阻止したりしようという意図があるかどうかは、問われていません。つまり、そのような意図がなくても、結果的に相手の目標の達成を阻むことになった場合は、「妨害」や「阻止」に当てはまると捉えてよいようです。したがって、Bさんに悪気があってもなくても、Aさんにとっては「妨害」と言ってよいということです。

身近にたくさんある「もめごと」

「自分と他者との間で、したいことやしたくないことに、ズレがあるように思われる状態」を「もめごと」と捉えるならば、実は、「もめごと」は、身の回りにたくさん存在することが理解できるのではないでしょうか。みなさまが毎日の活動の中で子どもと関わっているのならば、子ども同士のもめごとの事例を考え出すことに、あまり苦労しないのではないかと思います。また、自分が多くのもめごとの当事者となっていることに驚く人もいるかもしれません。

もめごと解決を学問的に研究する立場からは、他者が存在する限り、「もめごと」はなくならない、と考えられています。なぜなら、個々の人間が持っている関心や希望は、個々人ごとに違うからです。それらが異なる以上、もめごとは生じ続けます。だから、もめごとを根絶することはできません。レビン小林（一九九八）も、「誤解や対立とは、私たちの個性、ものの見方、立場の違いから生じるもので、その点、争いとは、私たちが人間でいる証とも考えられ、私たちが生きている限り、なくなることはありません」と、明確に、もめごとが根絶できないものであることを指摘しています。

しかし、悲観する必要はありません。まだ発展途上ではありますが、もめごとが学問的に研究され、よりよいもめごと解決の方法が検討されつつあるからです。レビン小林（一九九八）は、前述の一文に続けて、「争いのない社会を形成するために必要なことは、誤解や対立を根絶する努力ではなく、それを受け入れ、そのうえでどうしたら共存できるのかを探ること」であると論じています。すなわち、発生した「もめごと」を、その都度解決していけばよいということです。学術的に検討されつつある「よりよいもめごと解決の方法」は、そのためにきっと役に立つことでしょう。

もめごと解決の方法を学ぶ必要性

よりよいもめごと解決の方法は、自然に身につけるだけではなく、積極的に学ぶ必要があるものだと考えられます。なぜなら、とくに本邦では、人々がもめごとを解決する方法を学習する機会を得にくいように思われるからです。

たとえば、みなさま自身の経験を思い返してみてください。みなさまは、「友達とは仲よくしなさい、ケンカをしないようにしなさい」と言われて育ってきたでしょうか。それとも、「友達とは上手にケンカをしなさい」と言われて育ってきたでしょうか。きっと、大多数の方が、前者のように言われて育ってきたのではないかと思います。

一般に、「友達とは仲よくしなさい、ケンカをしないようにしなさい」と言われて育てられた子どもは、他者と調和したり、もめごとを回避したりするスキルを向上させると考えられます。一方、もめごとに対処する機会は少なくなるので、もめごとをどのように解決するのかというスキルは育まれにくいと考えられます。これに関連して、松下（二〇〇九）も、従来の教育では、「トラブルにどう対応する力をつけていくか、といったことは、あまり議論されてきませんでした」と、子どもたちがもめごとを解決するスキルを学習する機会が乏しいことを指摘しています。学習機会が少なければ、もめごとをうまく解決できなかったり、解決するのが難しいと感じたりすることも、無理はありません。いわば、転んだことのない子どもが、起き上がり方を知らないのと、似たようなものです。

したがって、子どもたちはもめごとの解決方法を、積極的に学ぶ必要があります。本書の第Ⅱ章で紹介するのは、大人のみなさまが子どもたちのもめごとに介入し、仲直りを援助することを通して、子どもたちのもめごとの解決力を間接的に高めていけるようになるためのテクニックです。また、第Ⅲ章で紹介するのは、子どもたち自身によりよいもめごと解決の方法を学んでもらうためのプログラムです。本書を手に、ぜひ子どもたちのもめごとに関わっていただき、彼らの援助のために役立ててください。まず、それに先がけて、もめごとを理論的に考えてみましょう。

2　もめごと解決の形態

前節では、「もめごと」は、自分と他者の間で、したいことやしたくないことに、ズレがあるように思われる状態を指すこと、もめごとをよりよく解決するためのスキルを積極的に学ぶ必要があることを見てきました。

それでは、どのような「もめごと」解決の形態が、よい解決なのでしょうか。もめごとを解決するために、何を目的にすればいいのでしょうか。

本節では、よりよいもめごと解決のスキルについて考えるために、もめごと解決の形態を検討していきます。

もめごと解決の形態の五分類

もめごと解決の研究者たちは、伝統的に、解決の形態を五つに分類してきました。

ここでご紹介するのは、「二重関心モデル（double concern model）」（Thomas & Kilmann, 1974）といわれるものです。

「二重関心モデル」では、二次元的な関心の軸を仮定しています。一つは、自己志向性の軸で、これはすなわち、自分の関心や希望を満たそうとする程度を表します。もう一つは、他者志向性の軸で、すなわち、他者の関心や希望を満たそうとする程度を表します。そして、それぞれの軸の高低による四分類と中間点をとり、五形態を仮定します。図Ⅰ-1には、それぞれの関心軸と五形態を示しました。

それぞれの解決策をわかりやすくするため、架空のもめごと事例を使って、具体的に見ていきましょう。


【模擬事例】

小学四年生のDさんとEさんは近所に住む友達同士です。ほかのクラスメイトは家が遠いため、二人は、しばしばいっしょに遊ぶ間

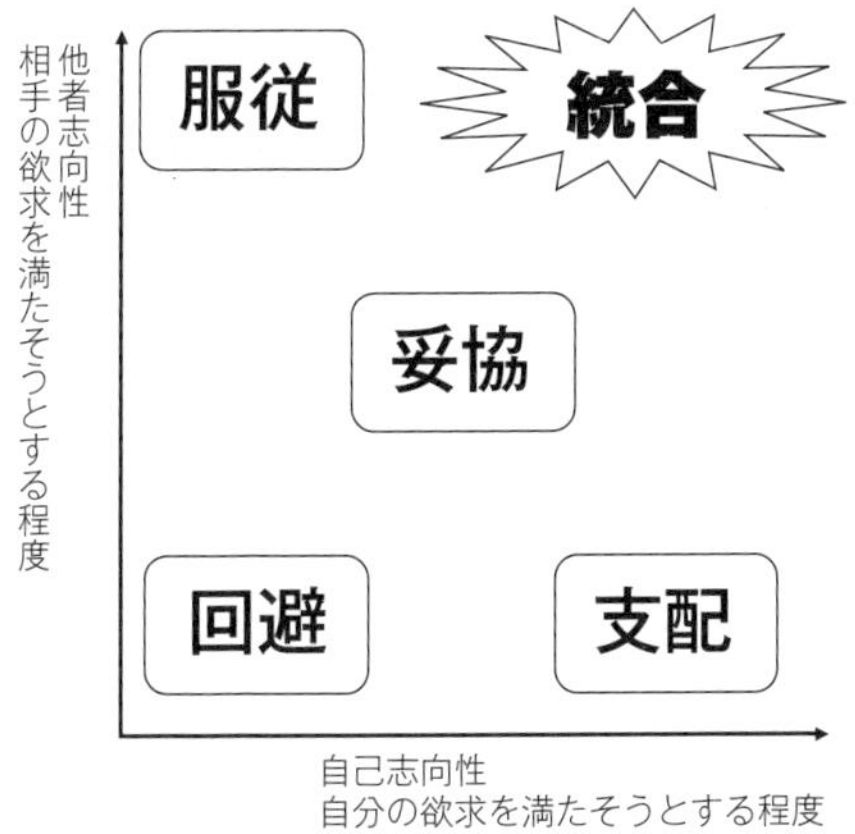

図Ⅰ-1　二重関心モデル
（Rahim & Bonoma, 1979）をもとに改編）

柄です。

二人は、次の休日の昼間の二時間に何をして遊ぼうかと相談をしています。

Dさんはアウトドア志向で、屋外遊びが好きで、次の休日は公園で遊ぼうと提案しています。

一方、Eさんはインドア志向で、屋内遊びを好む傾向にあり、次の休日は屋内でゲームをしようと提案しています。

●「回避」スタイル

第一に、「回避」と呼ばれるスタイルがあります。図I-1に示されている通り、これは自己志向性、他者志向性がともに低く、(ほとんど)満たされないというスタイルです。すなわち、両者の関心や希望がともに満たされない解決策をとるときには、このスタイルであることになります。

模擬事例に沿って見てみましょう。Dさんの希望は、「次の休日に公園で遊ぶこと」です。一方、Eさんの希望は、「次の休日に屋内でゲームをすること」です。

これらが、ともにほとんど満たされない解決策が「回避」スタイルです。たとえば、両者とも我慢をすれば平等であると考え、相手と遊ぶのをやめてしまう。これは典型的な「回避」スタイルの解決策であるということになります。

●「支配」スタイル

第二に、「支配」と呼ばれるスタイルがあります。これは自己志向性が高く、他者志向性が低いというスタイルです。すなわち、自分の関心や希望は満たされるけれど、相手の関心や希望は満たされない解決策をとるときには、このスタイルであることになります。

Dさんの立場になって考えてみると、たとえば、DさんがEさんの希望に配慮をせず、「家の中で遊ぶなんてつまらないよ！　いいから、外で遊ぼうよ！」といって外で遊ぼうと押し切るならば、Dさんは「支配」スタイルをとっているということになります。

●「服従」スタイル

第三に、「服従」と呼ばれるスタイルがあります。これは「支配」スタイルとは反対に、自己志向性が低く、他者志向性が高いというスタイルです。すなわち、自分の関心や希望は満たされないけれど、相手の関心や希望は満たされる解決策をとるときは、このスタイルであることになります。

ふたたびDさんの立場になって考えてみると、DさんがEさんの希望を優先し、屋内で遊ぶことに異を唱えず、了承したとするならば、Dさんは「服従」スタイルをとっているということになります。

図Ｉ-１に示されている通り、「支配」スタイルと「服従」スタイルは表裏一体の関係にあります。つまり、どちらかが「支配」スタイルをとったときには、もう一方は「服従」スタイルをとることになります。しかし、この二つのスタイルは、一見対照的に見えても、もめごと解決力の発達段階としては同じ段階にあると仮定されており（Yeates & Selman, 1989；渡辺・鈴木、二〇一五など）、ある場面では「服従」スタイルをとりがちでも、別の場面になると「支配」スタイルになることがありうると考えられています。

しばしば、学校では、あるときまでは他者の気持ちを尊重しないで、自分の関心や希望を通そうとしてばかりいた（「支配」スタイルをとりがちであった）児童生徒が、何かのきっかけで非常におとなしく、従順になってしまう（「服従」スタイルをとりがちになってしまう）のを見かけることがあります。これは、その子どもの性格が変わったのではありません。もともと、「支配」スタイルか「服従」スタイルでしかもめごとを解決できない発達段階にあったために、逆の一面が出てきている、と理解することができます。

●「妥協」スタイル

第四に、「妥協」と呼ばれるスタイルがあります。これは自己志向性、他者志向性がともに中程度であるスタイルです。すなわち、両者の関心や希望が半分くらいは満たされるが、充分には満たされない解決策をとるときには、このスタイルであることになります。具体的には、一時間は公園で遊び、もう一時間はゲームをするという場合は、「妥協」スタイルをとっているといえるでしょう。

「妥協」スタイルは、一般的には、よりよい解決策であると考えられています。しかし、もめごと解決の研究では、必ずしもそうではないと考えられています。なぜなら、ただちに「妥協」スタイルの解決策を選択したのならば、おたがいに不満を抱くことにつながりかねないからです。

たとえば、前述した、おたがいのやりたいことを一時間ずつやるという解決策を選んだ場合について、もう少し考えてみましょう。Dさんがテニスを三セットやりたいと思っていたならば、一時間では終わらない可能性が高く、Dさんには不全感が残るでしょう。一方、Eさんもクリアまでに二時間かかるボードゲームをやりたいと思っていたならば、やはりボードゲームを中断しなければならなくなるため、Eさんにも不満が残るでしょう。

このような場合、「回避」の場合と同じように、おたがいに「我慢」させられた、という気持ちが残ります。そのため、おたがいの関心や希望の内容をよく吟味する前に、ただ妥協すればよいと考えてこのスタイル用いるのは、あまり効果的ではない、と考えられています。

●「統合」スタイル

第五に、「統合」と呼ばれるスタイルがあります。これは自己志向性、他者志向性がともに高く、(かなり)満たされるというスタイルです。すなわち、両者の関心や希望がともに満たされる解決策をとるときには、このスタイルであることになります。

詳しい方法は第Ⅱ章、第Ⅲ章で解説しますが、本書を通してもっともオススメしているのが、このスタイルです。これは、そのときに挙げられている解決策からいずれかを選ぶというものではなく、「その解決策をとりたい理由について話し合い、おたがいの関心や希望をともに満たす解決策を再検討する」というスタイルになります。

おたがいの関心や希望について話し合ったところ、Dさんが「公園で遊びたい」理由は、「テニスを三セットしたいから」だということがわかりました。一方、Eさんが「屋内で遊びたい」理由は、ボードゲームそのものをしたいのではなく、「虫や日差しを避けたいから」だということがわかりました。

このようなことがわかったとしたら、どのような解決策が考えられるでしょうか。「虫が少なく、日差しの入りにくい場所でテニスをする」という解決策が浮かぶかもしれません。そうすれば、「テニスをしたい」というDさんの希望と、「屋内で遊びたい」というEさんの希望が、ともに満たされることになるため、二人は二時間を通して充分に満足することができ、より仲よくなることができるでしょう。

別の理由だったら、どうでしょうか。たとえば、Dさんの希望が「どうしても公園で遊ぶこと」であり、Eさんの希望が「どうしてもボードゲームをすること」だったら。その場合には、「公園にボードゲームをもっていって、そこで行う」という解決策も考えられるかもしれません。

以上のように、「その解決策をとりたい理由について話し合い、おたがいの関心や希望をともに満たす解決策を再検討する」というスタイルは、ここで紹介した「二重関心モデル」以外のもめごと解決のモデルにも登場し、その有効性が繰り返し指摘されているものです（そのスタイルの呼び方は、トーマス&キルマン（Thomas & Kilmann, 1974）は「協調（cooperative）」、ラヒム&ボノマ（Rahim & Bonoma, 1979）は「統合（Integrating）」、ガルトゥング（Gultung, 1998）は「超越（transcend）」としており、研究者ごとに異なりますが、いずれもほとんど同じスタイルを意味しています）。つまり、教師や保護者が子どもたちのもめごとを援助しようとするときは、この「統合」スタイルに基づく解決を、すなわち「統合的解決」を目指して、解決を支援すればよい、ということです。

なお、「統合的解決」の具体的な有効性については次節で、そのスキルの具体的な内容やそれを習得するためのエクササイズについては次章以降で解説します。

五スタイル以外の解決の形態

ここまで、もっとも代表的なもめごと解決方法の分類を見てきました。しかし、もめごとが生じた際にとりうる解決策は、前述した五つのスタイル以外にも存在します。それは、「対決」、「先送り」、「第三者介入」です。

本節の最後に、これらについても簡単に見ておきましょう。

●対決

もめごとの当事者の一方が「支配」スタイルをとったとき、もう一方が「服従」スタイルをとれば、もめごとは（結果はどうあれ）一旦は収まります。しかし、両者がともに「支配」スタイルをとり続けると、もめごとは激しくなります。このように、もめごとを激化させることを、「対立」といいます。

「対立」の状態になると、自分の希望を通すため、おたがいに直接的・間接的に身体的・言語的攻撃を行うようになります。この結果、どちらかの希望が通れば、「支配」や「服従」スタイルに収まります。しかし、この状態が長く続けば、おたがいの希望がかなわないだけでなく、傷つけあって、痛み分けとなるでしょう。さらに、その後も緊張関係が続くかもしれません。失うものの多い、マイナスの結果だといえるでしょう。そのため、二重関心モデルでいえば、「回避」スタイルのさらに左下に位置すると考えられるかもしれません。

このように、「対立」にはデメリットが多いため、決してよい解決方法とはいえません。したがって、子どもたちの関心が「対立」に向いているときには、そのデメリットを指摘し、話し合う方向に向かせていく必要があります。

●先送り

もめごとが生じているにもかかわらず、まるで何もなかったかのように振る舞うことを、「先送り」といいます。自分の関心や希望を明確に主張せず、曖昧にして、成り行きに任せ、関心や希望のズレについて考えないようにする、というものです。

「先送り」には、一見、適応的な側面があると考えられています。たとえば、「先送り」をよく行うと回答する人ほど、調査時点では友人関係に満足していると回答する傾向が高いという報告があります（加藤、二〇〇〇など）。また、若者たちの中でも、このような、他者との間に存在する問題をわざわざ話題にしないというスタイルは、一定の支持を得ているように見受けられます。

しかし、このスタイルの長期的な観点からの有効性は、明らかにされていません。問題を先送りしているのならば、相手との関係性が続く限り、緊張をはらむことになるでしょう。そのような緊張をはらむ関係を続けていくことは、とくにメンバーの出入りの少ない学校において、対人関係に影響を及ぼす可能性がないとはいえないのではないか、とも思います。

●第三者介入

もめごとの当事者が、当事者以外の第三者に協力を求めることを、「第三者介入」といいます。

第三者介入には、間接的な介入と直接的な介入があると考えられます。間接的な介入とは、第三者が直接もめごとの解決に参与するわけではないけれど、当事者の統合的解決を促進する効果をもつ介入を指します。具体的には、もめごとの当事者となった児童生徒が、スクールカウンセラーに相談をしているうちに、気持ちを聴いてもらうことで冷静になり、視野が広がったり、相手の立場や願いを想像できるようになったりする、というような場合は、間接的な第三者介入が行われた、と考えられます。

間接的な第三者介入であっても、当事者が自ら「統合的解決」に至れるようになるという、看過しがたい効果があることが示されています。たとえば、青年がもめごとを統合的に解決したというときには、その経過において、必ずこの第三者介入を経ていることが見いだされています（岡本・井上、二〇一四）。すなわち、第三者介入は、たとえ間接的であっても、当事者のもめごと解決力を高める、ということができるでしょう。

それに対して、直接的な介入とは、第三者が直接もめごとの解決を援助するような介入になります。具体的には、もめごとを解決したいと思った児童生徒が、担任教師にもめごとの仲裁を願い出て、担任がそれに応えるという場合には、直接的な第三者介入が行われた、といえるでしょう。

直接的な第三者介入を行ったからといって、それがすべて「統合的解決」につながるわけではありません。前述した例で言うならば、もしも教師が一方を正しく、一方を正しくないと判断するのならば、それはもめごと解決の形態で言えば、「支配」「服従」の解決スタイルにあたります。しかし、教師が公正・中立的な第三者として、おたがいの希望の達成を願い、「統合的解決」の援助を行うのならば、そのゴールに辿りつける可能性は、当事者同士で「統合的解決」を目指す場合よりも、ずっと高くなるでしょう。

直接的な第三者介入の中でも、とくに効果的に介入を行い、当事者たちが「統合的解決」に至る可能性を高めようとするものが、本書の第Ⅱ章で紹介している「メディエーション」という方法になります。

3 統合的解決のメリット

前節では、もめごと解決のスタイルとして、両者の関心や希望がともに満たされるという観点から、「統合的解決」が望ましいといえることを見てきました。

それだけではありません。もめごとを統合的に解決することには、両方の当事者の関心や希望が満たされるというメリットに加えて、さらにいくつかのメリットが存在することも指摘されています。それは、子どもたちのもめごと解決力を成長させる「成長促進的メリット」、子どもたちの他者との関係性や、精神的健康を育む「社会的・心理的メリット」、そして、激しいもめごとの発生を予防するという「生徒指導的・教育相談的メリット」です。

本節では、「統合的解決」のメリットを改めて紹介し、読者のみなさまに「統合的解決」を目指すことに対するモチベーションを高めていただきたいと思います。

成長促進的メリット

もめごとを統合的に解決することによる第一のメリットは、子どものもめごと解決力を高められるということです。

子どもたちがもめごとを統合的に解決する経験を通して、もめごと解決力を高めることを示した研究には、たとえば、益子・本田（二〇一七）があります。この研究は、中学生にもめごとを統合的に解決する知識やスキルを身につけるための心理教育プログラムを実施して、その効果を検討することを目的としていました。プログラムは、彼らが実際に統合的解決を体験できるようにするため、エクササイズに多くの時間が割かれていました。分析の結果、プログラムの実施直前より、実施直後や実施二週間後において、もめごと解決力の向上が見られました。また、これに類似した効果は、高校生においても見られたことが報告されています（本田・益子、二〇一七）。

エクササイズに多くの時間が割かれたプログラムを実施したことによって、子どもたちのもめごと解決力が向上した理由は、このプログラムを通して、子どもたちが、もめごとを統合的に解決するための知識やスキルを積極的に活用したからだと思われます。これらの知識やスキルは、知的に理解するだけでなく、実際に使ってみることによって深く理解することができる、実学的なものです。子どもたちは、もめごとを統合的に解決するための知識やスキルを実際に使ってみることで、理解を深めて、ますますうまく使えるようになったと考えられます。これは、もめごとを統合的に解決することを通して「当事者の自己解決能力の向上」をさせるという、レビン小林（一九九八）の指摘と一致するものだといえるでしょう。

これとは反対に、もめごとを統合的に解決するスキルは、年齢が上昇したからといって、自然に向上するものではないことも示唆されています（益子、二〇一五）。すなわち、もめごとを統合的に解決するための取り組みを意図的に行わなければ、もめごと解決力は高まらないということです。よって、子どもたちのもめごと解決力を高めるには、実際に統合的解決を目指した取り組みをする必要があるといえるでしょう。

このように、もめごとを統合的に解決することを通して、子どもたちのもめごと解決力をますます高めていけるということが、第一のメリットです。

社会的・心理的メリット

第二のメリットは、統合的解決は、子どもたちの他者との関係性や、精神的健康を育むということです。

統合的解決を目指す話し合いが、子どもたちの社会的・心理的な適応を高めることを示唆した研究には、たとえば、鈴木ほか（二〇一四）があります。この研究は、小学生が授業中の意見相違場面で選択するもめごとの解決方法によって、ＱＯＬ（Quality of Life）に差があるかどうかを検討することを目的としていました。ＱＯＬの指標の内容は、友達、学校生活、身体的健康、情緒的ウェルビーイング（Well-being：幸福感）、自尊感情であり、まさに、社会的・心理的適応についてたずねていました。分析の結果、統合的解決を目指す話し合いを重視する子どもたちは、そうではない子どもよりも、友達、学校生活、情緒的ウェルビーイングの指標が高い傾向にあることがわかりました。

また、鈴木ほか（二〇一六）は、中学生にも対象を広げて、同様の研究を行っています。それによれば、「心身の健康度や学校生活に対する満足感は、…（中略）…自分と相手の欲求を考慮し対話を重視した解決スタイルの児童生徒が、…高かった」という結果が示されています。このことから、中学生においても、統合的解決を目指す話し合いを重視する子どもの方が、社会的・心理的な適応度が高い傾向にあることがうかがわれます。

また、益子・本田（二〇一七）は、中学生を対象として、統合的解決スキルの向上と友人関係満足度、および心理的ストレス反応としての「抑うつ・不安」との関連を検討しています。それによれば、統合的解決を目指せるようになることは、二週間後の友人関係満足度を高め、「抑うつ・不安」を低下させるということです。

さらに、本田・益子（二〇一七）は、高校生においても、もめごとを統合的に解決できるようになった生徒は、自分と異なる他者との交流意識が向上することを指摘しました。

また、以上の知見は子どもを対象とした研究から得られたものでしたが、それ以外の年齢層にも目を向けると、もめごとを統合的に解決できることが、社会的・心理的メリットを持ちうることを示す知見が、さらに多く報告されています。たとえば、益子（二〇一三ａ）は、大学生を対象として、もめごとを統合的に解決するためのスキルと、対人関係において対立を回避し、自己主張を抑圧する傾向、自分らしさの指標とされる「本来感」との関連を検討しました。その結果、もめごとを統合的に解決できると考えている人ほど、他者との関係性を大事にしながらも、自分らしくいられることが示されました。

また、古村・戸田（二〇〇八）は、統合的にもめごとの解決を行うことが親密な二者関係（親友・恋人）の発展と維持にどのように影響するのかを、大学生を対象に検討しています。それによれば、親友や恋人とのもめごとを統合的に解決できた大学生は、統合的に解決しなかった学生よりも、相手との距離が縮まったと感じ、相手をおたがいに大切にするようになったと回答していました。また、相手との関係を大事にしようと思うようになったり、関係が長く続くと予測したり、その相手との関係性に満足したりするようになったことも報告されています。わかりやすく言うならば、もめごとを統合的に解決することができると、その相手とも、より仲よくなることができるということです。

このような結果は、相手を親友や恋人に特定しない場合においても、一般的な傾向として見られています。福野・土橋（二〇一五）は、同じく大学生を対象に、一般的な友人を相手とした場合において、統合的なもめごと解決がどのような機能を果たすのかを調べています。その結果、統合的解決は、相手を支配せず、人間関係と自尊感情を維持し、周囲から認められる体験を得るために役立つと認識されているということです。

以上のように、統合的解決には、当事者の社会的・心理的適応感を高めるというメリットがあります。他者との間で「雨降って地固まる」を実践でき、かつ、自分も居心地よくいられるようになるということです。これが、第二のメリットです。

生徒指導的・教育相談的メリット

第三のメリットは、統合的解決は、とくに学校において、生徒指導や教育相談の役に立つということです。

当事者がともに納得しきっていないもめごとには、しばしば悪循環を引き起こすという性質があります。学校は、大小を問わなければ、日々、多くのもめごとが生じる場所です。もめごとを目にした教師は、とくに小さい子どもに関わっていればいるほど、介入し、そのもめごとをおさめようとするでしょう。しかし、このとき、少なくともどちらかが納得できないような解決方法で、もめごとをおさめることになってしまったならば（つまり、「統合」以外の解決方法を取ることになってしまったならば）、彼らは不満に思い続けるでしょう。その不満は、別のもめごとをきっかけに再燃し、改めて噴出する可能性があります。まるで、消火したと思っていたのに、まだ火種が残っていて、新たな火事が発生するかのようです。このようなことが続くと、学校や教室の緊張感が高まる一方、安心感が失われてしまいます。また、それに反比例するかのように、悪口や暴力などの問題行動も増える可能性があります。これは、避けるべきことです。

しかし、教師が最初に介入をするとき、おたがいに納得できるようにもめごとを解決することができれば、火種を絶つことができます。この場合も、もしかしたら、新たな出来事をきっかけに、別の火種が生じる可能性はあります。しかし、すでに最初の火種は消えているので、そちらに引火することはありません。新たなもめごとが生じても、比較的小さい規模でおさめることができるでしょう。そうすると、学校や教室の安心感が高まります。悪口や暴力などの問題行動も減少し、子どもたちも落ち着いてくるでしょう。ある学校では、もめごとを統合的に解決しようとする取り組みを始めたところ、もめごと自体が減少してしまい、子どもたちがせっかく身につけた取り組みを実践することができずに悲しがった、という嬉しい報告もあるようです。

このような、児童生徒の対人関係のトラブルをいかに解決するのかという課題や、学校や教室の安全感・安心感をどのように高めるのかという課題に取り組むことは、今日的な生徒指導・教育相談の課題です。したがって、統合的解決を目指すことは、生徒指導や教育相談の役に立つといえるでしょう。これが、第三のメリットです。

4 子どものもめごとを統合的に解決する具体的方法

前節では、「統合的解決」のメリットについて、「成長促進的メリット」、「社会的・心理的メリット」、「生徒指導的・教育相談的メリット」の三点を述べました。それでは、これらのメリットを得るためには、具体的に、どのような方法があるのでしょうか。

本節では、子どもたちの「統合的解決」を援助するための具体的な方法として、「メディエーション」と「統合的葛藤解決スキル」を紹介します。

メディエーションを行う

教師や保護者など子どもたちの周囲にいる大人が、子どもたちのもめごとを統合的に解決するための具体的な方法として挙げられる最初のヒントが「メディエーション（mediation）」といわれる方法です。

これは、近年さまざまな分野で注目されている、新しいもめごと解決の方法です。公正・中立な立場の第三者である「メディエーター」が、もめごとの当事者同士の対話を促進し、彼らがおたがいに納得できる解決策を共創するように援助する方法であるとされています（吉田、二〇一一）。もともと、メディエーションは、直訳すると「調停」「仲裁」という意味です。しかし、裁判所ではこれとは異なる（「調停人」が当事者の正否を判断するタイプの）「調停」が行われてきました。そのため、裁判所で行われる「調停」と区別するために、カタカナで「メディエーション」というのが一般的になってきているようです。すなわち、メディエーションとは、「公正で中立的立場の第三者であるメディエーターが、もめごとの当事者同士の対話を促進し、彼らがおたがいに納得できる解決策を共創できるように援助する方法」であるということができるでしょう。

メディエーションが注目されつつある理由は、従来のもめごとの解決方法にはなかった、複数のメリットがあるからです。レビン小林（一九九九）は、このメリットについて、もめごとを裁判よりも短い時間で解決できること、匿名性が高いこと、安価であること、当事者同士の約束が履行されやすくなること、当事者が対立関係にならないことなどを挙げています。

このうち、学校では、彼らが対立関係にならなくて済むということが、とくに重要であると思われます。なぜなら、学校において、もめごとの当事者たちは、もめごとが解決してもしなくても、学校に在籍し続ける限り、関係性を維持する必要があるからです。

従来、学校で少なからず行われてきたもめごとの解決方法は、裁判のようなもめごとの解決方法と同様に、教師が上の立場からもめごとの当事者たちの正否を判断するということでした。しかし、このような方法によるならば、子どもたちは自分が正しく、相手が間違っているということを、主張しがちです。すると、正しくないと判断された当事者には、禍根という対立関係の芽が残ります。それは、関係性の崩壊や、新たなもめごとにつながる可能性があります。

一方、メディエーションは、もめごとの当事者たちがおたがいに納得できる解決策に至ることを応援する方法ですから、子どもたちを正しい側と間違っている側に分ける必要はなく、彼らに対立関係の芽を残すこともありません。

そこで、読者のみなさまにオススメしたいのが、「メディエーター」になる、ということです。後述するように、メディエーションは、近年、とくに研究がさかんになっており、メディエーターになるためのトレーニングの方法が比較的確立されつつあります。効果的というだけでなく、学びやすいという点で、子どもたちの上手なもめごと解決を応援したいと考える大人のみなさまに、オススメできる方法の一つです。

メディエーターになるためのエクササイズについては、第Ⅱ章で解説します。

統合的葛藤解決スキルを教える

子どもたちのもめごとを統合的に解決するための具体的な方法として挙げられる、もう一つのヒントが「統合的葛藤解決スキル」です。もしかしたら、ここまで読んでこられた読者のみなさまの中には、メディエーションで行われる取り組みを、最終的には子どもたち自身でできるようになってほしいと思われた方が、いらっしゃるかもしれません。「統合的葛藤解決スキル」は、その願いに応えるものです。

メディエーションで使われるスキルが、公正で中立的立場の第三者であるメディエーターが、もめごとの当事者同士の対話を促進し、彼らがおたがいに納得できる解決策を共創できるように援助するスキルであるのに対して、統合的葛藤解決スキルは、自分がもめごとの当事者になった際に、もめごとを統合的に解決するための一連のスキルを指します。すなわち、子どもたち自身でも統合的解決を目指すためのスキルということになります。

なぜ、子どもたち自身でも、統合的解決を目指すスキルが必要なのでしょうか。第一に、メディエーターがいなくてももめごとを解決できるようになっている方が、より望ましいからです。メディエーションを行うためには、メディエーターとなりうる第三者が必要です。ということは、もめごとが起こったときの解決方法をメディエーションしか知らなければ、メディエーターが不在のとき、どのようにすればよいのか、わからなくなってしまいます。

ピア・メディエーション活動（池島・竹内、二〇一一など）では、ある程度、このような事態を防ぐことができると思われます。この活動は、有志の子どもがメディエーターになるためのスキルを学習し、友人たちの間で起きるもめごとを解決するサポートに当たるというものです。この方法ならば、子どもたち同士がおたがいにメディエーターになれるので、メディエーターが見つけられないという事態にはなりにくいでしょう。また、この方法も、学校の雰囲気の改善やいじめの予防などに大きな効果を持つことが示されています（池島、二〇一三など）。取り組む価値は大いにあるでしょう。

しかし、それでも、メディエーターが見つからないときにどうするかという問題は、完全には解決されません。それでは、どうすればよいのでしょうか？

この課題への解答の一つとしては、メディエーターに頼らなくても、子どもたち自身で、メディエーションで行われるような「統合的解決」をできるようになってもらうことが挙げられます。このような、「もめごとの当事者同士が、対話によって、おたがいに納得できる解決策を考え出していくためのスキル」を「統合的葛藤解決スキル」といいます（益子、二〇一三a）。すなわち、子どもたちの統合的葛藤解決スキルを育んでいくことで、子どもたちは、メディエーターがいないときにも、自分たちでもめごとを統合的に解決できるようになると考えられます。

そこでもう一つオススメしたいのが、子どもたちに「統合的葛藤解決スキル」を教えるということです。とくに学校では、「道徳」や「総合的学習」の時間などに、このスキルを育む教育プログラムを実施できるかもしれません。たとえば、このプログラムは、ソーシャルスキルトレーニングの一環として位置づけることができます。また、これ以外のソーシャルスキルトレーニングの実施状況や学校、学年の目的に合わせて、修正しつつ使っていただくことも可能です。

また、統合的葛藤解決スキルを教える取り組みは、メディエーションを導入するためにも有効だと思われます。なぜなら、メディエーションと統合的葛藤解決スキルは、もめごとの統合的な解決を目指すという点で、共通の発想に基づくものだからです。また、詳しくは後述しますが、もめごとを解決するために子どもたちが行うべきことも、メディエーションと共通の部分が少なくありません。そのため、メディエーションの導入と並行して取り組めるので、子どもたちが統合的解決という考え方を受け入れやすくなると考えられます。逆に、統合的解決のコツを理解しやすくなるという点でも、相性がよいかもしれません。

一方、統合的葛藤解決スキルを活用したもめごと解決では、自分のもめごとは自分で解決することになります。メディエーターによる援助がなく、一人で行わなければならないため、もめごと解決がメディエーションよりも難しくなりがちです。このような点からも、メディエーション活動を行いながら、徐々にこのスキルを育んでいけるとよいでしょう。

統合的葛藤解決スキルを育む心理教育プログラムについては、第Ⅲ章で解説します。

5 統合的解決のための前提条件

前節では、子どもたちがもめごとを統合的に解決するための具体的な方法として、大人がメディエーターになることと、子どもたちに統合的葛藤解決スキルを教えることの、二点をオススメしました。しかし、そのどちらの場合であっても、これらの取り組みの効果をより充分に引き出すためには、後述する二つの条件が満たされている必要があります。いわば、話し合いのための前提条件です。

本節では、子どもたちが統合的解決に向けて話し合うときの前提条件を解説します。

前提条件1：当事者が身体的にも言語的にも暴力的態度をとらないこと

第一の条件は、もめごとの当事者たちが話し合いの場面で暴力的な態度をとらないようにするということです。すなわち、メディエーションであれば、メディエーターである大人は、当事者である子どもたちが暴力的な態度をとろうとしたら、それを制止し、適切に対話できるように介入する必要があるということです。また、統合的葛藤解決スキルを活用して話し合うときには、子どもたち自身に、暴力的にならないための工夫を教えておく必要があるということです。

ここでいう暴力とは、身体的な暴力だけではなく、言語的な暴力も含みます。つまり、悪口（たとえば、「おれは○○したかっただけなのに、それをわからないお前はバカだ」）、脅し（たとえば、「おれに歯向かうんだったら、あとで覚えていろよ」）、拒絶（たとえば、「おれの提案を拒否するなら、もうお前とは遊ばないもん」）、非難（たとえば、「どうしてそんなこともわからないんだ‼」）なども、暴力として扱ってよいでしょう。

暴力的態度をとってはいけない理由は、そのような態度が、統合的解決に至るための話し合いの進展を妨げるからです。もめごとの当事者の一方が暴力的な態度をとると、もう一方の当事者は、不安と恐怖を喚起され、防衛的になります。人間は、防衛的になると、和解のための話し合いをしようというモチベーションは低下し、かわりに敵対的な反応をしがちになります。するとそれを受けたもう一方も、敵対的、暴力的な態度をとるようになり、それを受けた側は、ますます防衛的、敵対的、暴力的になっていきます。こうなると、もめごとは激しくなっていきます。その結果、対立が生じ、おたがいに痛み分けとなるか、関係性を終わらせるしかなくなってしまいます。これでは、統合的解決どころではありません。

このような状況を避けるために、大人は、子どもが暴力的な態度にならないようにリードする必要があります。メディエーターとしてもめごとに介入するときは、子どもが暴力的になっていくのを抑制する必要があるでしょう。また、子どもたちには、自分の暴力的な反応を抑制する方法を教えておく必要があるでしょう。

では、具体的には、どうすれば暴力的な態度をおさめることができるでしょうか。これは、後述する構造化のスキルを活用したり、困った気持ちに振り回されないスキル、傾聴のスキルなどを教えたりすることで、可能になると考えられます。ここでは、ひとまず、暴力的な態度は統合的解決に結びつきにくいので、それを抑制する必要がある、ということを理解しておいてください。

前提条件2：当事者同士が対面して話し合えること

第二の条件は、メディエーションであれ、統合的葛藤解決のための話し合いであれ、もめごとの当事者は、おたがいに対面して話すことが望ましいということです。なぜなら、対面して話すことが、もっとも正確に相手を理解できると考えられているからです。

人間は、他者のメッセージを、話の内容などの言語情報、口調や話すスピードなどの聴覚情報、見た目や身振りなどの視覚情報という三側面から解釈していると考えられています。この三側面が矛盾しているとき、解釈に与える影響は、言語情報が7％、聴覚情報が38％、視覚情報が55％であるということです（Mehrabian, 1981）。このように、人間が他者のメッセージを解釈するときには、聴覚情報や視覚情報の影響が大きいといわれています。すなわち、もっとも相手を正確に理解できるのが、対面状況だということです。

もめごとを統合的に解決するということは、相手を理解するために、丁寧な対話を重ねていくということです。対面状況では、もめごとの相手が真剣に対話に臨んでいれば、それがすぐにわかります。言葉を詰まらせたり、視線を巡らせたりしながら、言葉を選んで話しているさま。緊張や怒りの表情が、はっと驚いた表情に変わるさま。身振りを交えたりして、体験を誠実に伝えようとするさま。もめている相手であるにもかかわらず、自分の発言に、ときにはうんうんと頷いていたりするさま。これらをおたがいに示し合うことができれば、相手をより理解することができるでしょう。そのため、おたがいに顔を合わせて話し合うということは、統合的解決に至るために、とても重要なことなのです。

逆に、対面ではない状況で、たとえば、メールやＬＩＮＥのような、基本的に文字のやりとりだけで話し合いを行うならば、どのようなことが起こるでしょうか。メールやＬＩＮＥは話の内容、つまり言語情報のみを伝え、聴覚情報や視覚情報のような相手の反応は伝わらないものですから、もめごとのような誤解が生じやすい場面では、先のデータに基づけば93％が誤解を重ねるタネになってしまいかねないということです。相手を正確に理解しなければならない場面であるにもかかわらず、新たな誤解が生じかねないツールを使用するならば、もめごとを解決できないばかりか、ますます拡大していきかねません。したがって、絶対に避けるべきです。

メディエーションに取り組むにしても、統合的葛藤解決スキルを教えるにしても、相手と対面して対話をすることの重要性は、子どもたちに伝えておいた方がよいでしょう。筆者の経験では、中学生や高校生の半数以上は、文字情報だけで言いたいことは50%以上伝わる、と誤解しています。しかし、前述のような内容を伝えることによって、対面して話すことの重要性を理解してもらうことができます。また、「あっち向いてホイ」を、①いつも通り行う、②言語情報を使わずに（つまり、無言で）行う、③聴覚情報や視覚情報を使わずに（つまり、筆談などの文字だけで）行うことでも、より体験的に教えることができるでしょう。メールやLINEを通じてもめごとを拡大しないためにも、ぜひ伝えていただきたいと思います。

なお、対面で話し合うことを前提とするという条件に対しては、しばしば、「もめごとの当事者同士が顔を合わせたら、もめごとがいっそうエスカレートするのではないか」という懸念を抱かれることがあります。しかし、このようなときには、むしろ、同席できたことに大きな意義があると考えるとよいと思います。なぜなら、話し合って何かが改善するという期待がなければ、人間は、もめごとの相手と話し合おうとは思わないからです。すなわち、その人が話し合いの場面に出てきたということは、もめごとを解決できる見込みがあると思っているということなのです。

むしろ、相手と対面して話したがらない子どもたちに、どのように相手と対面することを勧めるかの方が、大きな課題です。このような子どもは、相手と話をすることに、何らかの不安や恐怖を感じているのかもしれません。そのため、まず、そのような気持ちについて、個別に話をしてみるとよいでしょう。その上で、落ち着いたら、メディエーションや統合的葛藤解決を勧めてみましょう。しかし、それでも落ち着かず、相手と対面して話し合うことに不安や恐怖が強いときには、無理に勧めない方がよいと思われます。

II

もめごと解決のための具体的方法①

――メディエーションを行う

1　メディエーションの過程とスキルの構成要素

第Ⅱ章からは、いよいよ、子どものもめごとを統合的に解決するスキルを紹介していきます。まず、メディエーションを行うためのスキルから始めましょう。

メディエーションで行われることは、おおまかに言えば、①もめごとの当事者が、相手の言い分をおたがいに聴き合うこと、②おたがいの言い分を聴き合うことを通して、当事者双方が、自分の希望を相手に理解され、尊重されたと感じること、そして③当事者がともに統合的な解決策を考案することです。そのため、メディエーターには、当事者が①〜③のプロセスを辿ることを応援するための知識やスキルを習得しておくことが求められます。

本章では、最初に、メディエーションがどのような過程を辿るのかを、メディエーターや当事者たちのやりとりを通して紹介します。次に、すでに本邦において紹介されているメディエーターを養成するためのトレーニングを振り返り、子どものもめごとを統合的に解決するメディエーターに必要な知識やスキルを概観します。そして、挙げられた知識やスキルを一つずつ解説し、それらを身につけるためのエクササイズを紹介していきます。

メディエーションの模擬事例

第I章第4節において、メディエーションとは、「公正で中立的立場の第三者であるメディエーターが、もめごとの当事者同士の対話を促進し、彼らがおたがいに納得できる解決策を共創できるように援助する方法」であると述べました。しかし、この説明を読んだだけでは、メディエーションがどのような過程を経て行われるのか、イメージがつかみにくいと思います。そこで、最初にメディエーションの模擬事例をごく簡潔に紹介します。

取り上げるもめごとは、第I章第2節で示した、DさんとEさんの模擬事例です。二人は次の休日に何をして遊ぶかを相談しています。Dさんは、公園で遊ぼうと提案しています。一方、Eさんは、屋内で遊ぼうと提案しています。

おたがいの意見が一致せず、二人がイライラし始めていたところへ、メディエーション・スキルを習得した大人がやってきました。

メディエーター：どうしたんだい、二人とも？　もめているの？

二人：うん。
メディエーター：それは困ったね。僕は二人がうまく話し合う手伝いができると思うんだけれど、お手伝いしてもいい？　今、ここで、よく話し合いをしてみない？
二人：うん。
メディエーター：よかった。それじゃ、よろしくね。最初に、うまく話し合うためのコツを三つ紹介したいと思うんだ。一つ目は、本当のことを話すこと。二つ目は、相手が話しているときは、相手の話を遮らず、しっかり聴くこと。三つ目は、話し合いの途中で相手に暴力をふるったり、悪口を言ったりしないこと。Dさん、チャレンジできる？
Dさん：やってみる。
メディエーター：Eさんも、できる？
Eさん　たぶん、できます。
メディエーター：よかった。もしかしたら難しいかもしれないけれど、できなくても手伝うから、がんばろうね。じゃあ、順番に話を聴かせてほしいんだけど、どちらから話したい？
Eさん：Dくんから、どうぞ。
Dさん：じゃあ、おれから。次の休みの日、Eと何をして遊ぼうかって相談していたんだ。おれは外で遊びたいって言ったんだけれど、Eは絶対嫌だって言うんだ。だから、おれと遊びたくないのかと思って、イライラしてきちゃって。

メディエーター：ああ。Dさんとしては、Eさんを外で遊ぼうと誘ったのに、Eさんが絶対嫌だって思っているみたいだったから、自分と遊びたくないのかなって、心配になったんだね。

Dさん：うん。

メディエーター：なるほど。ところで、外で遊びたいというのは、どんな理由だったの？

Dさん：テニスをしたかったんだ。以前、Eとテニスをして、楽しかったから。

メディエーター：わかった。それじゃあ、次はEさんの話を聴かせてください。Eさんとしては、Dさんとの相談について、どんなことを思ったり感じたりしていたの？

Eさん：Dくんと遊びたくないということはないです。でも、暑い時期は、公園は行きたくないんです。だけど、僕が嫌だと言っても、Dくんは「そんなことを言うなよ‼」って、聞いてくれなくて。だから、「絶対に嫌だ」と言ったんです。

メディエーター：Eさんとしては、暑い時期には公園に行きたくないんだね。でも、それをDさんに聞いてもらえないように思えたから、強く断るしかなかった、ということかな？

Eさん：そうです。

メディエーター：そういうことなんだ。あと、もう一つ、聴かせてほしいんだけれど、暑い時期は公園に行きたくないというのは、どんな理由があるの？　熱射病になるかもしれないことが、心配なのかな？

Eさん：いえ、そうじゃなくて、虫が苦手なんです。あと、日差しも得意ではないです。
メディエーター：ああ、そういう苦手なことがあるから、避けたかったんだね。それじゃあ、虫がいなかったり、日差しが避けられたりする場所でテニスをするのは、どうなの？
Eさん：それなら、大丈夫です。
メディエーター：ということは、虫がいなくて、日差しが入らない場所でテニスができたら、二人の希望をかなえられるから、いいんじゃないかと思うんだけど、どうだろう？
Dさん：おれはそれでいいよ。
Eさん：僕もいいと思います。
メディエーター：それはどうしたらできるかな？　どこかにいい場所はあるかな？
Dさん：児童館の体育館なら、できると思う。
メディエーター：そこなら、できそうなんだね。Eさん、児童館の体育館は、どうですか？
Eさん：いいと思います。
メディエーター：じゃあ、試しにそうしてみましょうか。もしもまた困ったことがあれば、お手伝いをするので、相談してください。
二人：わかりました。

このように、公正・中立な立場の第三者が、もめごとの当事者がうまく話し合えるように促し、おたがいに納得できる解決策を考え出せるように援助する方法を、メディエーションといいます。ここでは、読者のみなさまがイメージを思い浮かべやすいように、メディエーションがスムーズに行われた場合を想定して紹介しました。実際のメディエーションでは、これほどスムーズに進むことばかりではなく、もっと時間をかけて、何度もやりとりを重ねなければならないこともあります。しかし、基本的な過程は同じです。そこで、このような流れを基本的な過程として理解していただけるとよいでしょう。

メディエーター養成教材

現在、本邦には、メディエーターを養成するための教材が、おおまかに四種類存在しています。まず、それらを概観し、子どものもめごとの統合的な解決を目指すために必要な知識やスキルのエッセンスを導き出してみましょう。

メディエーター養成教材1：『調停者ハンドブック』（レビン小林、一九九八）

メディエーターを志す人のための、もっとも基本的なテキストとして、レビン小林（一九九八）があります。これは、主として法律の専門家の間で広まっていきました。

このテキストでは、メディエーターに「必要な能力と態度」として九つの要素が挙げられています。①中立でいること、中立だと見えるように心配りをすること、②聴き上手／話させ上手になること、③もめごと当事者の話を理解し、分析できること、④当事者を批判したり説教したりせずに、ありのままに受け入れること、⑤忍耐強く対話を取り持つこと、⑥臨機応変に対応できること、⑦当事者が怒ったり泣いたりしているのを見ても、冷静でいられること、⑧当事者たちの絶望に同調せず、問題を新しい角度から眺め、アイディアマンでいること、⑨諦めずに、じっくりとメディエーションに取り組むこと、です。

また、スキルとしては位置づけられていませんが、メディエーションの始め方、解決策を検討するときのブレインストーミングの有効性などについても言及されています。

メディエーター養成教材２：『調停人養成教材２００６年度版』（経済産業省ほか、二〇〇六）（https://www.jcaa.or.jp/training　2006/2006top.html）

第二に、「調停人養成教材２００６年度版」（経済産業省ほか、二〇〇六）があります。これは、もともと、主として企業人ＯＢなどを対象としたプログラムでした。しかし、その後、司法制度改革の流れを受けて各地に設置されるようになった認証ＡＤＲ（裁判外紛争解決手続）機関の中に、メディエーターを志望する人々に対して、このプログラムに準拠した（あるいは改変した）養成プログラムを開設するところが出てくるなど（たとえば、行政書士ＡＤＲセンター東京など）（益子、二〇一三ｂ）、裾野が広がっています。

このプログラムは、メディエーションを行うために必要な最低限の知識やスキルを習得するためのものだと位置づけられています。心理学やもめごとの学問的研究などの、さまざまな分野の理論に加えて、話を聴く態度や開かれた質問、言い換えのような、他者の話を引き出すためのスキルが挙げられています。

また、スキルとしては位置づけられていませんが、メディエーターの倫理として、公正・中立であることの重要性が言及されています。

メディエーター養成教材3：『医療メディエーション』（和田・中西、二〇一一）

第三に、医療領域のメディエーターを養成するための研修プログラムがあります（和田・中西、二〇一一）。導入され始めたときは、医師や、看護師をはじめとするコ・メディカルを対象としたものでした。しかし、近年は、市民団体や患者団体などが一丸となり、メディエーションの応用の可能性を模索しているということです。

このプログラムは、医療メディエーションに取り組むためのスキルとして五つの要素が挙げられています。①もめごとの学問的研究をもとにした、当事者の関心や希望を理解するためのスキル、②マイクロ・カウンセリングの基本的かかわり技法をもとにした、当事者の話を傾聴し、信頼関係を築くためのスキル、③リフレーミングやI・メッセージを援用した、対話を促進し、問題の性質を変化させるためのスキル、④時間管理や、対話が行き詰まったときの対処など、対話の流れをスムーズにするためのスキル、⑤困った事態に対処するためのスキルです。また、経済産業省ほか（二〇〇六）と同様、公正・中立であることの重要性が、メディエーションを行うための前提として言及されています。

メディエーター養成教材4：『ピア・サポートによるトラブル・けんか解決法！』（池島・竹内、二〇一一）

第四に、学校におけるピア・サポートの一環として、メディエーターを養成しようとするプログラムがあります（池島・竹内、二〇一一）。子どものもめごとの解決に関わるプログラムであるという点では、本書の趣旨に、もっとも近いものだといえるでしょう。「ピア」とは、「同等の位置の人、同僚、友人、仲間」という意味です。すなわち、これは「ピア（友人、仲間）同士のサポートの一環として、子ども同士でメディエーションを行えるようになる」ことを目的とするものです。したがって、主として児童生徒を対象とするものです。

このプログラムは、傾聴、丁寧な自己主張、メディエーションのための枠づくりを重視したものになっています。

また、スキルという位置づけではありませんが、当事者に解決策の検討を促す言葉が紹介されています。

メディエーション・スキルを構成する五つの要素

それでは、ここまで概観してきた教材をもとに、子どものもめごとを統合的に解決しようとするメディエーターに必要とされる、知識やスキルについて考えてみましょう。四種類のメディエーター養成教材には、類似したり、共通したりする要素もあれば、その教材独自の要素もありました。これらをまとめてみたものが、表Ⅱ-1です。

これらの中で、複数の教材で類似したり、共通したりしている要素は、メディエーターが身につけるべきスキルとして汎用性が高いものだと考えられます。たとえば、「相手の話を聴く」ことに関わるスキルは、すべての教材で何らかの形で言及されています。そのため、この要素は重視するべきでしょう。

同じように、もめごとの研究で言われる理論を理解し、それを活用して当事者の関心や希望を理解するという要素も、三つの教材で言及されていました。そのため、この要素も重視してよいと思われます（なお、この要素が池島・竹内（二〇一一）では言及されていないのは、この教材が、理論的理解がまだ困難な子どもを対象としているからかもしれません）。

また、メディエーターの公正・中立な態度に関する要素も、レビン小林（一九九八）はメディエーターの態度として、経済産業省ほか（二〇〇六）はその倫理として、和田・中西（二〇一一）はメディエーションを成り立たせる前提として、それぞれが言及していました。したがって、

『医療メディエーション』	『ピア・サポートによるトラブル・けんか解決法！』	本書
和田・中西（2011）	池島・竹内（2011）	
• 時間管理	• メディエーションのための枠づくり（A'LS の法則）	場面を構造化する
（メディエーションを行うための前提として言及）		公正・中立とみられる態度をとる
• 基本的かかわり技法をもとにした，当事者の話を傾聴し，信頼関係を築くスキル • リフレーミングやＩ・メッセージを用いた，対話を促進し問題の性質を変化させるスキル	• 傾聴 • 丁寧な自己主張	当事者の話を聴く
• もめごとに関わる学問的研究をもとにした，当事者の関心や希望を理解するためのスキル		当事者の関心や希望を理解する
	（定型文で紹介）	解決策の検討を促す
• 対話の流れをスムーズにするスキル • 困った事態に対処するスキル		Q＆A

表Ⅱ-1　4種類のメディエーター養成教材が求める資質と本書のスキルの位置づけ

図書名	『調停者ハンドブック』	『調停人養成教材 2006年度版』
著者・開発者（発表年）	レビン小林（1998）	経済産業省・日本商事仲裁協会・日本仲裁人協会・調停人養成教材作成委員会（2006）
メディエーション場面を作ることに関わるスキル	• メディエーションの始め方	
公正・中立な態度に関わるスキル	• 中立でいる • 中立だと見えるように心配りをする • 当事者を批判したり説教したりせずに，ありのままに受け入れる	（倫理として言及）
話を聴くことに関わるスキル	• 聴き上手／話させ上手になる	• 話を聴く態度 • 聞かれた質問 • 言い換えのような広い意味での傾聴技法
もめごと解決に関わる理論の理解と関心や希望への注目に関わるスキル	• 当事者の話を理解し，分析できる	• もめごとに関わるさまざまな分野の理論
解決策の検討を促すスキル	（手続きの中で言及）	
メディエーションを行うためのコツ	• 忍耐強く対話を取り持つ • 臨機応変に対応できる • 当事者の感情に巻き込まれず，冷静でいられる • 当事者の絶望に同調せず，問題解決のためのアイディアマンでいる • 諦めず，じっくりと取り組む	

この要素も重視されるべきでしょう。

さらに、メディエーションを行う場面をどのように作るのか、すなわち構造化するのかという要素も挙げられそうです。レビン小林（一九九八）や池島・竹内（二〇一一）はメディエーションの始め方について、和田・中西（二〇一一）は中断の仕方について焦点を当てていますが、これらはともにメディエーションの場面をどのように構造化するのかというテーマで共通していると考えられます。そこで、これもスキルを構成する要素として位置づけてよいでしょう。

他方、これまであまり取り上げられてこなかった要素であっても、スキルとして取り上げれば役に立つと考えられるものがあります。たとえば、当事者による解決策の検討を促すスキルです。このスキルは、レビン小林（一九九八）が、ブレインストーミングの重要性について言及し、池島・竹内（二〇一一）が解決策を促す言葉の具体例を挙げているのみでした。しかし、とくに、子どもたちを対象としたメディエーションを行う場合には、この点は重要だと思われます。なぜなら、このスキルは、解決策の検討を促すだけではなく、子どもたちに「自分はもめごとを解決できる力がある」ことを伝えるメッセージとして、メディエーションを教育活動の一環として成立させるためのポイントになると思われるからです。したがって、この要素も、スキルとして押さえておいた方がよいと思われます。

以上をまとめると、メディエーションを行うためのスキルのエッセンスは、以下のようになるといえるのではないでしょうか。

●メディエーション場面を構造化するスキル
●公正・中立とみられる態度をとるスキル
●当事者の話を聴くスキル
●当事者の関心や希望を理解するスキル
●解決策の検討を促すスキル

したがって、以降の節では、これらそれぞれのスキルについて解説し、子どもの支援者のみなさまがメディエーターとしてのスキルを習得していくためのエクササイズを紹介していくことにします。

なお、「当事者の関心や希望を理解するスキル」は、「統合」という解決方法があることを理解しておくことが含まれます。「統合」という解決方法については、すでに本書の第Ⅰ章第2節でも紹介済みです。改めて、そちらを確認してみてください。

2 メディエーション場面を構造化するスキル

メディエーションを成功させるためには、最初に、場面の構造化を行う必要があります。場面の構造化とは、すなわち、場面を区切り、当事者やメディエーターのするべきことや、するべきではないことを、明確にするということです。これらが明確になることによって、当事者は安心して統合的解決のための話し合いができるようになります。また、メディエーターとしても、その役割に集中することができるようになります。そのため、このスキルは、メディエーターを目指す人々が最初に身につけるべき、重要なスキルだといえるでしょう。

本節では、メディエーション場面を構造化するときに明確にするべき観点を紹介します。

当事者の相互理解を明確に応援するために

構造化とは、簡単に言えば、メディエーションの内容や約束を説明することです。最初に述べておきたいのは、これ自体が援助的なスキルだということです。構造化をしないで「メディエーションのようなこと」を行うならば、子どもたちは、何が行われるのかがわからないという不安な気持ちを抱きながら、話し合いに臨むことになるでしょう。自分やもめごとの相手、メディエーターの役割や目的がわからないので、子どもは安心して本音を話すことができません。その一方で、メディエーターである大人の要請に応える必要があると考えて、テーマに沿っているように見える発言をします。最終的には、「和解したかのように」振る舞います。つまり、「相互理解」を目的とした対話ではなく、「予定調和的な仲直り」を目的とした対話を行いがちになる、ということです。

これは、メディエーションではありません。このようにして行われた対話であっても、メディエーターには、一見、子どもたちが和解したかのように見えるかもしれません。しかし、実際には、それぞれの子どもが相手に何を求めているのかがおたがいに理解されていないので、遅かれ早かれ、類似したトラブルが生じることになります。あるいは、大人が「せっかく作ってくれた」チャンスであっても、「表面的にしか話せなかった」「理解し合えなかった」経験が傷つき体験となり、彼らがともに過ごす場面を見ることは、二度となくなってしまうかもしれません。子どもの問題に関わろうとする大人にとって、それは、決して望ましいことではないはずです。

構造化を行うと、メディエーターが「表面的な仲直り」を求めているのではなく、「本音に基づいた」相互理解を応援している姿を示すことができます。子どもたち自身が言っていいのかどうかわからないと思っている本音を、引き出しやすくなるのです。これが、メディエーションの過程を通して、相互理解をもたらします。それゆえ、構造化は、メディエーションを成功させるための重要なスキルなのです。

本章第3節以降に述べているメディエーションのためのスキルは、傾聴を中心に、いわゆる「スキル然とした」スキルが挙げられています。そのため、とくに初心者のメディエーターは、これらに目を奪われて、構造化の重要性を失念しがちです。しかし、後述しているスキルは、構造化のスキルに支えられてこそ、充分な効果を発揮するスキルです。そのため、メディエーションを行おうと思う際には、初心の方はもちろん、ベテランの方であっても、いま一度、構造化の重要性を思い出していただきたいと思います。

時間と場所の構造化

それでは、どのように構造化を行うのでしょうか。まず、時間と場所を構造化する必要があります。つまり、メディエーションを行う時間と場所を明確にする、ということです。

時間の構造化において大切なことは、それぞれの当事者やメディエーターの負担にならない時間を設定するということです。それは、第一に、当事者やメディエーターの集中力に関連しています。一般的に、人間が他者の話を集中して聴いていられるのは、大人でも、長くて一時間程度と言われています。中学生ではさらに短く、三〇分程度という人もいます。これ以上になると聞き流しが始まってしまうので、休憩が必要になるそうです。

第二に、まとまった時間を確保することが困難になりつつあることに関連しています。いまや、まとまった時間をいかに確保するのかは、大人だけではなく、子どもにとっても、大きな課題となっています。そのため、メディエーションに取り組もうとするときに、必ずまとまった時間を作らなければならないとしたら、大きな障壁となるでしょう。

しかし、まとまった時間がとれないからといって、メディエーションができないわけではありません。ある程度の時間を確保できれば、メディエーションには取り組めます。前述のような集中力の問題があるのならば、それに合わせて、まず、二〇分〜三〇分から始めてみるのはいかがでしょうか。学校で行うのならば、昼休みの二〇分や、放課の三〇分を充てることができるでしょう。これくらいの時間ならば、メディエーターとなる大人にとっても、子どもたちにとっても、負担のかかりすぎない時間であると思われます。

しかし、メディエーションでは、それぞれの当事者が自分の言い分を話したのち、当事者同士が対話をするというプロセスを辿ります。そのため、一人ひとりから話を聴くよりも、一回にかかる時間は長くなる傾向にあります。また、もしかしたら、話し合いが紛糾して、その時間内には収まらないかもしれません。このようなときは、どうすればいいでしょうか。このことについて、和田・中西（二〇一一）は、最初に決めた時間内に話し合いが終わらなかった場合に備え、あらかじめ、そのような場合には一旦中断し、次回に持ち越す合意を得ておくという方法があることを紹介しています。一度のメディエーションで終了しなければならないわけではないということです。

設定した時間については、最初に、当事者に伝えましょう。終わりの時間がわからないと、子どもたちは、「自分の話はいつになったら聴いてもらえるのか」とか、「いつまでこの話を続けるのか」などと、いろいろな心配を思い浮かべるからです。「今日は三〇分、時間が取れます。チャイムが鳴ったら、一旦、そこで終了にします」などと伝えられるかもしれません。また、中断する必要がありそうだと感じたら、後述する「公正性・中立性」に配慮しながら、伝えましょう。「チャイムが鳴っても解決しなかったら、明日、続きをしましょう。また、二人のお話を聴かせてください」などといえるかもしれません。

このようにして、何度かメディエーションを続けた場合、たくさんの時間がかかるように思えますが、トータルに見ればそうではありません。なぜなら、前述したように、メディエーションを通してもめごとが解決するので、それ以上の火種は起きにくくなるからです。そのため、次々に火種が燃え上がり、何度も生徒指導や教育相談に時間をかけなければならない場合と比較すれば、トータルの時間を短縮できると思われます。

一方、場所の構造化において大切なことは、当事者が安心して話ができ、メディエーターとしてもリラックスできる場所を選ぶのがよいでしょう。学校では、相談室や保健室などが選ばれやすいようですが、話し合いの途中で他の子どもたちがどちらかに加勢するなどの乱入がなければ、廊下や、校庭の隅などの屋外で実施してもよいと思います。

役割の構造化

次に、メディエーターの役割を構造化する必要があります。すなわち、メディエーターが何をして、何をしないのかを、子どもたちに簡潔に説明するということです。ここで伝えるべきことは、相手と話し合って解決策を考えるのは、もめごとの当事者であること、メディエーターは話し合いの手伝いをすること、そして、メディエーターは中立的な立場で関わるということです。

とくに、メディエーションという取り組みに馴染みがない子どもには、丁寧に説明する必要があります。なぜなら、このような子どもたちは、自分たちのもめごとに関わってくる大人の目的について、誤解している可能性が少なくないからです。

ある子どもは、どちらが正しくてどちらがいけなかったのか、あるいは、何がよくて何がいけなかったのかを大人の立場から判断し、過ちを指導するためだと誤解しています。このような子どもは、自分たちのもめごとに介入してくる大人に対して、不安を感じたり、警戒したりして、本音を話せなくなるかもしれません。逆に、ある子どもは、大人が自分にとってもっともよい解決策を教えてくれると誤解しています。このような子どもは、解決への主体性を失い、依存的になるかもしれません。

メディエーションを行おうとする大人が子どものもめごとに関わるのは、当事者たちがもめごとの解決策を主体的に考え、統合的に解決できるように援助するためです。たとえ、当事者たちが間違っており、指導する必要があったとしても、それとは別に、もめごと相手との対話を通して、自分の過ちを実感し、今後、どのような行動をとればよいのかを考えてもらうためです。そのことを、簡単に示しておく必要があるでしょう。

たとえば、「もめごとの当事者になってしまった君たちが、上手に話し合って、解決策を考えるための手伝いをしたい」と伝えるのは、どうでしょうか。メディエーターは当事者の話し合いを手伝うとは言っていますが、かわりに解決するとは伝えていません。このような言い方ならば、子どもたちには「話し合うのは自分たちなんだな」「大人は助けてくれるんだな」と理解されやすいように思われます。メディエーターの役割を簡潔に伝えられる説明だといえるでしょう。

また、メディエーターは中立的な立場で当事者と関わると伝えておくことも、必要です。これは、たとえば、「君たちを二人とも大切にしたいから、二人にとって納得できる解決を考えてほしい。そのために、自分は中立的な立場で関わる」のように伝えておくことができます。それを聞いた子どもは、「自分が悪いと一方的に叱られるわけではなさそうだ」と、安心することができるでしょう。

話し合いの約束の構造化

さらに、話し合いの約束を構造化する必要があります。つまり、メディエーションの過程において、子どもたちが何をするべきなのか、何をするべきでないのかを、簡単に説明するということです。とくに、メディエーションに子どもが慣れていないうちは、話し合いをするたびに、確認しておくとよいでしょう。

具体的な約束の内容とは、以下の三点です。それは、①本当のことを話すこと、②相手が話をしているときは、相手の話を遮らず、しっかり聞くということ、③話し合いの途中に、相手に暴力をふるったり、悪口を言ったりしないということです。このことを、両方の子どもに確認していくとよいでしょう。

どのように説明するのがよいでしょうか。筆者がメディエーションを導入するときには、以下のように伝えています。「先生は、こうすると話し合いがうまくいくというコツを三つ知っているんだ。だから、まずは、それをやってみたらいいんじゃないかな？」この言い方ならば、メディエーターの役割（話し合いのサポートをするということ）と合わせて伝えやすいのではないでしょうか。また、話し合いがうまくいきやすくなるという予測を伝えられるので、子どもたちの約束を守ろうというモチベーションも高められるでしょう。

なお、子どもたちがメディエーションに慣れてきたら、冗長にならないよう、より簡潔にしてもよいと思います（たとえば、「いつもの約束、忘れていないよね？」と、確認だけにとどめるなど）。

「チャレンジ目標」として位置づける

話し合いの三つの約束を、子どもたちに確認するときには、「できるかどうか」ではなく、「チャレンジできるかどうか」とたずねておくとよいでしょう。なぜなら、メディエーションに慣れていない子どもは、たいていの場合、約束を守れないからです。

メディエーションでは、当事者は約束を守るため、相手の話に反論したい気持ちを堪える必要があります。相手が話をしているときは、その話に耳を傾けていなければならないからです。しかし、ほとんどの子どもにとって（大人にとっても）、自分の意見と異なる、しかもしばしば自分を責めたり、不安にさせたりする内容の主張をじっと聴いているのは、大変です。たまらず、「それ、違う‼」と口を挟んでしまうのも、やむをえないことです。

したがって、三つの約束は、最初から「チャレンジ目標」だと位置づけておきましょう。「チャレンジ目標」であることを伝えるためには、「できるかどうか」とたずねるのではなく、「チャレンジできるかどうか」とたずねた方がよいでしょう。そうすれば「できないかもしれないけれど、できるだけ努力してください」というメッセージを暗に込めることもできます。

あくまで「チャレンジ」という位置づけにしておけば、一度できなかった当事者も、再度、チャレンジしやすくなります。また、再度、チャレンジする姿を、もう一方の当事者は見ています。相手なりに約束を守ろうとしている姿からは、他方の当事者も、解決へ向けたモチベーションを感じることができるでしょう。

さらに、「チャレンジできるか」とたずねているのは、もしもできなかったら、そのときは大人がフォローする、というメッセージにもなります。それでもなお、子どもが不安そうにしていたら、「できなかったらフォローするから、あなたもできるだけやってみて」と直接伝えて、より安心できるようにしてもよいでしょう。

フォローは、次のように行います。まず、一旦、話を制止して、約束を確認します。たとえば、「ちょっと、ストップ。②の約束、覚えていますか？　相手が話をしているときには、遮らないで話を聴くんでしたね」と。ふつうのメディエーターとしては、これで充分です。しかし、もしもう少しこの当事者を応援したいのならば、こんな言葉を付け加えてもいいでしょう。「何か、反論したくなったんですね。今の気持ちを覚えておいてください。あとで、しっかりと聴きます」。このように言えば、口を挟んでしまった当事者も安心するでしょう。また、もう一方の当事者も、自分が口を挟んだときにも同じように支えてもらえると思えるので、安心するでしょう。

◇エクササイズ

本節では、メディエーションにおける構造化に注目し、それを作ったり、維持したりするスキルを論じてきました。

それでは、本節で学習したスキルを使用して、以下の例題に取り組んでみましょう。

◇エクササイズ 【例題 2-2-1】・・・・・・・・・・・・・・・・・・・・

あなたは，ＦさんとＧさんが口論をしている場面に遭遇しました。

Ｆさんは，「Ｇさんがいつも係の仕事をきちんとやっていなかった」と注意しています。それに対して，Ｆさんは「やっていることもある!!」と反論しています。

問題１ あなたなりの言葉で，役割と話し合いの約束を構造化しながら，２人にメディエーションの提案をしてみてください。

問題２ あなたから提案されたメディエーションを，Ｆさん，Ｇさんは受け入れました。

どこでメディエーションをしますか？　また，場所をセッティングする際に，どのようなことに気をつけますか？

問題３ まず，Ｆさんから話をしてもらうことになりました。

Ｆさんは，Ｇさんがどのように係の仕事をしていないように見えたのかを話し出します。「Ｇさんは，昨日も，一昨日も，その前も，全然きちんと仕事をしていなくて……」。すると，それを聞いていたＧさんは，我慢できないとばかりに口を挟んできました。「デタラメばっかり言わないでよ!!　昨日はちゃんとやっていたって!!」

このとき，メディエーターは，Ｇさんに，どのように介入しますか？具体的なセリフを考えてみてください。

♧解説 【例題2-2-1】

問題1 まず、回答例を示します。

「二人とも、怒っているようだけれど、怒りたいわけではないだろうから、あまりいい状況ではなさそうだね。先生は、ぜひ、二人の力になりたいよ。

『上手に話し合うための三つの約束』というのがあって、それに従って話し合うと、いい話し合いができるというんだけれど、やってみない？

一つ目は、「本当のことを話す」ということ。

二つ目は、これから交代で話をしてもらおうと思うんだけれど、相手が話をしているときには、「相手の話を遮らないで、しっかり聞く」ということ。

三つ目は、「乱暴なことをしない」ということ。

Fさんは、チャレンジできるかな？　Gさんも、チャレンジできるかな？」

メディエーションを成功させるための構造化については、ご理解いただけたでしょうか。もしもまだこの構造化を覚えられていないとしても、まったく問題ありません。そのような方は、メディエーションを開始する前に、この本の該当部分を改めて確認したり、参照したりするなどしていただけるとよいと思います。何度か使っているうちに、自然に記憶に留まるようになるでしょう。

この事例のような場合は、回答例のようにメディエーションを提案することができると思います。ここでは、本書で解説した順番どおりに述べるのがもっともわかりやすいと考え、その通りに言葉を並べています。

ここでのポイントは、①メディエーションへの導入として、大人の役割の説明を行うこと、②上手に話し合うための三つの約束を説明すること、③約束を守ることをチャレンジとして位置づけること、です。

このポイントさえ押さえていただければ、場面や状況の流れに応じて、あるいは、相手に合わせて、説明の順番は変えていただいてけっこうです。子どもたちがわかりやすい説明を工夫してみてください。

問題2

メディエーションにふさわしい部屋とは、当事者が安心して話ができ、メディエーターとしてもリラックスできる場所です。双方の当事者とメディエーターの三人が同席しても圧迫感を感じない程度には、広い部屋が望ましいでしょう。ある程度じっくり話をする必要があるので、できれば比較的静かな空間がよいと思います。

具体的には、スクールカウンセラーが派遣されている学校ならば、整備されている相談室が使えると思います。または、前述の条件を満たすならば、生徒指導室や、各先生方の教科の準備室も、選択肢に入ってくるでしょう。それぞれの先生方が使い慣れている部屋がよいと思います。

しかし、メディエーションのために、いつでも部屋が使えるとは限りません。もめごとを目撃した時点で、すぐに介入をしなければならなくなり、別室に移動する時間的な余裕がない場合もあります。このようなときには、次善策として、たとえ部屋ではなくても、じっくり話をすることができる空間があれば、メディエーションを行うことは可能です（たとえば、掃除の時間に、廊下の片隅でさえ）。

なお、椅子は、できるならば、当事者と同じものが望ましいでしょう。社会的地位の影響を排し、当事者と同じ立場にあることを示すためです。

問題3 まず、回答例を示します。

「ちょっとストップ!!

約束、もう一回、確認しておこうね。

Gさん、Fさんの話を聴いていて、不安になってきちゃったかな？

Gさんの話も、あとでちゃんと聴かせてもらうから、大丈夫だよ。

言いたくなった、その気持ち、あとでしっかり聴くから、覚えておいてね」

一方がもう一方の話に割り込んできたときは、このような介入を素早く行う必要があります。素早く介入しないと、おたがいの話を聴き合うという、メディエーションの構造自体が壊れてしまいかねないからです。そこで、メディエーターは、すぐに約束に立ち戻り、それを子どもたちといっしょに確認する必要があります。

しかし、Gさんを「どうしてさっきの約束を守れないんだ‼」などと叱る必要はありません。チャレンジしようとしているだけで、メディエーションにおいては、充分です。

もっともよいのは、話したくなった気持ち（事例でいえば「不安」）に焦点化し、それを理解しながら枠組みに戻すこと（回答例でいえば「あとでちゃんと聴かせてもらうから」「覚えておいてね」）と理解を示しておくことでしょう。気持ちを受け止められて安心したところに、枠組みを再度示されるので、枠組みの中に留まりやすいと考えられます。これに類似した方法は、池島・竹内（二〇一一）などでも紹介されています。

3　公正・中立とみられる態度をとるスキル

メディエーターは、メディエーションの経過中、常に、当事者たちが安心して対話できる態度を維持する必要があります。それは、それぞれの当事者から公正・中立とみられることによって、可能になると考えられています。

本節では、メディエーターが公正・中立とみられる態度をとることの重要性について解説し、公正・中立な態度を維持することが難しくなったときでも、そのような態度に立ち戻るコツについて紹介します。

当事者が安心して話せるように

メディエーションにおいて、メディエーターが公正・中立な態度であることは、当事者が安心し、率直に自分の気持ちを語り合える場面を提供するために役立ちます。

もめごとの当事者たちは、多くの場合、第三者の反応に敏感になっています。たとえば、あなたが、これからもめている（わだかまりを感じている）相手と話し合いをしようというときに、相手が知らない第三者を連れてきて、「この人に立ち会ってもらうから」と言った場面を想像してみてください。どのようなことを感じたり、考えたりするでしょうか？「この人は何をするために来たのだろう？」と、警戒心のような気持ちが起こるのではないでしょうか？もしかしたら、「相手といっしょに自分を批判してくるのではないか」と、不安になるかもしれません。

また、あなたがもめごとの当事者としてメディエーションに参加している場面で、メディエーターが、あなたが話している間は硬い表情で、口を一文字に結んで、一度も頷かず、相手が話している間はにこやかな表情で、よく頷いているという場面も、想像してみてください。どんなふうに感じるでしょうか。人によっては、そのような場面での話し合いを苦痛に感じ、バカバカしくてやっていられないと思うかもしれません。

このように、もめごとの場面では、当事者たちは第三者の反応にしばしば非常に敏感になります。そのため、メディエーターは、このような心情に思いを馳せる必要があります。

もちろん、メディエーター自身は、どちらかに肩入れする立場でないことを自覚しているでしょう。しかし、もめごとの渦中にいる人間は、防衛的になっているので、その場にいる第三者が味方になってくれそうなのか、それとも敵になりそうなのかに、かなり敏感です。したがって、メディエーターは、自分で公正・中立だと思っているだけでは、不充分です。折に触れて、「自分は公正・中立な立場である」ことを明言するだけではなく、メディエーションの過程全体を通して、実際に公正・中立だと見てもらえるように振る舞う必要があります。

たとえば、最初にメディエーターの役割を構造化するとき、「二人の役に立ちたい」と伝えておくことは、「どちらかに肩入れをするわけではない」と明示するためにも役立つでしょう。また、話し合いの約束を構造化するとき、「Hさんは、いいですか？　Iさんも、いいですか？」と、あえてそれぞれの当事者に確認をすることも、「二人をそれぞれ同じように尊重したいと思っています」というメッセージを暗に伝えるために有効であると思われます。当事者はそれぞれに、自分は大切にされていると感じられるので、安心して自分の気持ちを話せるようになるでしょう。

評価者にならず、位置、身体言語、話す機会の均等性に注意する

それでは、「公正・中立な態度」を保つためにできることには、何があるでしょうか。

まず、メディエーターは「公正・中立な立場に立つ」ということを、明確な言葉で伝える必要があります。このことは、「構造化」の節において、メディエーターの役割を伝えるとい

う観点からも述べましたが、「公正・中立」を保つという意味でも大切なことだと思われます。とくに教師は、「善悪の評価」をするという意図がなくても、児童生徒からは評価者だと思われやすい立場にいます。そのため、教師がメディエーターを担おうとする場合には、なおさら大切なことだといえるでしょう。「今から、メディエーションを行います。メディエーションでは、自分は、どちらがよい、悪いという評価は、しません。そうではなくて、二人が、自分たちのためになる解決策を考えるのを手伝います」と、率直に伝えるとよいでしょう。

次に、メディエーションを行う場面の立ち位置（座る位置）を検討する必要があります。当事者からメディエーターまでの距離は、均等でしょうか。メディエーターから見て、両者が視界に入る位置にいるでしょうか。確認してください。

さらに、自分の身体言語、すなわち、身振りなどに気を配る必要もあります。具体的には、自分の姿勢は、一方の当事者を向きすぎていないか、相づちや頷きが、一方にだけ極端に多くなっていないか、逆に、一方が話しているときに、腕を組んだり首を傾げたりしていないか、などです。

そして、話をする機会を均等に与えているかということにも、注意する必要があります。具体的には、片方の当事者が話をしたら、もう一方にも話す機会を与える、というものです。

これは、実際には、話をする「機会そのものの均等性」というよりは、話す機会を均等に与えられることによって、当事者が言いたいことを話し切ったと納得できるということが、大きいように思われます。ということは、たとえ、話す機会を均等に与えていたとしても、話し切れなかったという不満が残れば、その人はメディエーターの態度は公正ではないと評価する可能性があるということです。逆に、時間が短くても、当事者が納得している様子ならば、そのメディエーションは当事者にとって、話す機会が均等であったと考えてよいと思われます。

双方の味方になる

ところで、レビン小林（一九九八）や和田・中西（二〇一一）などでは、前述の身体言語についても、話す機会を均等に与えるのと同じように、気を配れるように訓練することが大切だと述べられています。もちろん、そのような訓練は大切です。しかし、身体言語は無意識に表れてしまうものなので、意識的にコントロールを続けるのは、難しいものでもあります。訓練を積んでも、不意に出てしまうことがあるかもしれません。このようなことを防ぐためには、無意識の身体言語のコントロールを訓練するだけではなく、もめごと解決に関わる心構えも変える方がよいのではないかと思います。

それでは、どのような心構えで臨むのがいいでしょうか。筆者は「もめごと解決そのものの援助をすることを通して、両方の当事者の味方になる」ことを提案しています。または、「両者の間で起こっているもめごとの解決自体に焦点を当てる」といってもよいかもしれません。

このような態度をとるならば、支援の第一のターゲットは、どちらかの「当事者」ではなく、「もめごと」そのものとなります。双方の当事者は、ズレを生じた経路（チャンネル）に過ぎないので、正否を判断しても意味がないことになります。

このように、もめごとそのものに焦点を当てるならば、「いったい、どうしてこのもめごとは起こったんだ?」という視点に立ちやすくなります。それに伴って、どちらかの味方になり、もう一方の敵になるという心構えではなくなるので、自然に公正・中立的な立場に立ちやすくなります。また、「どうしてズレているのか?」という観点に立つならば、双方の当事者は、それを理解する手がかりをもっているキーパーソンという扱いになります。そのため、両者を同じように尊重できるようになりやすいと思います。

両者を同じように尊重できるようになれば、メディエーターの姿勢は、いずれの当事者が話をしているときにも、自然と前傾姿勢になるでしょう。また、双方の当事者の様子が目に入る位置取りをしたくなりますし、当事者の話を聴き洩らさないようにと、比較的近い距離をとるでしょう。そして、当事者それぞれの話に、熱心に耳を傾けるでしょう。

一般的には、「公正・中立」というと、当事者から「距離をとり」、「客観的な立場を維持して」、「俯瞰して」話を聴くようなイメージがあります。つまり、「双方の敵にも味方にもならない」ことを指すと考えがちです。しかし、そうすると、身体言語をコントロールすることの方に気を取られてしまいます。せっかくもめごと解決を援助できるのですから、積極的に「双方の味方になる」「もめごとそのものの解決を援助する」姿勢で関わっていただきたいと思います。

◇エクササイズ

本節では、メディエーションにおける公正・中立に注目し、そのような態度をとっていると見せるスキルを論じてきました。

それでは、本節で学習したスキルを使用して、以下の例題に取り組んでみましょう。

◇エクササイズ　【例題 2-3-1】・・・・・・・・・・・・・・・・・・・・

あるメディエーターは，Ｊさんと K さんのメディエーションに先駆け，「場面の構造化」のスキルを踏まえて，メディエーターの役割や，話し合いの約束について，一通り，説明を終えました。そして，その後，以下のように言いました。

「Ｊさん，何か，質問はありますか？（Ｊさんだけでなく，Ｋさんも首を横に振っている）では，メディエーションを始めましょう」

このメディエーターは，「公正・中立な態度」に関連するミスをしています。それはどこでしょうか。また，もしも時間を戻して仕切り直せるとしたら，あなたはそのミスをどのように修正しますか？

あるいは，ここからリカバリーするとしたら，この場でどのように働きかけますか？

◇エクササイズ　【例題 2-3-2】・・・・・・・・・・・・・・・・・

ある日の放課後，あなたは，廊下でＬさんとＭさんが口論している場面に遭遇しました。メディエーションによって介入を試みます。

メディエーションを行う場合，どのような位置取りをしますか？

♧解説　【例題2-3-1】

ここでのメディエーターのミスとしては、Jさんに質問の有無について確認をしながら、Kさんにその確認を怠ったことが挙げられます。

緊張したり、焦っていたりするメディエーターは、しばしば、こうしたミスをしがちです。その点では、比較的、よくあるミスだといえます。

時間を戻して最初から仕切り直せるのならば、「Jさん、何か、質問はありますか？」の後で、Kさんにも同じように確認をすればよいでしょう。または、両者を交互に見ながら、「お二人とも、何か質問はないでしょうか？」と述べてもいいかもしれません。

しかし、実際には、時間は巻き戻せません。したがって、もしもミスをしてしまったら、ここからリカバリーする必要があります。リカバリーのコツは、「できるだけ早いうちに」「誠実に」行うことです。ミスに気づいた時点で、なるべく早く行うようにしましょう。

ミスに気づいたのがメディエーションの開始直後ならば、Kさんには以下のように伝えることができるかもしれません。「Jさん、せっかくお話を始めていただいたところでしたが、さきほど、わたしは失念してしまったことがありました。少しだけお時間をください。すみません、Kさん。先ほど後ろで頷いていらしたのが見えたので、確認を怠ってしまいましたが、質問はなかったでしょうか？　何かあれば、遠慮なく確認してください」。このように伝えるのは、いかがでしょうか。

♧解説【例題2-3-2】

メディエーションにおける位置取りを考える際の留意点は、座って行うときも、立って行うときも、同様です。すなわち、まず、当事者双方の表情や仕草が見える位置取りをします。メディエーター自身が、当事者に対して近すぎず、遠すぎないと感じる距離をとるとよいでしょう。

また、当事者が興奮していなければ、当事者同士が対面して話すのをメディエーターが聞くより、当事者が並んで座り（あるいは並んで立って）、それぞれがメディエーターと話すのを、もう一方が聞くという位置取りになれるとよいでしょう。対面している状況は、対立姿勢を煽りますが、並んで座っている（並んで立っている）状況は、協調姿勢を強めるからです。

ただし、当事者たちが興奮しているならば、ある程度、距離を離す方が望ましいでしょう。

4 当事者の話を聴くスキル

メディエーションは、メディエーターの援助のもとで、もめごとの当事者たちが、自分の関心や希望を語り合い、おたがいに納得できる解決策を検討するものでした。メディエーターの立場から見れば、もめごとの当事者たちが関心や希望を語り合うのをサポートしていることになります。つまり、メディエーターには、当事者の語り合いをサポートするスキルが求められます。そのスキルの基本となるのが、「傾聴」であり、「リフレーミング」です。

「傾聴」は、いまやカウンセリングだけではなく、教育、医療、法実務など、さまざまな対人援助の領域で注目されており、メディエーションにおいても重要なスキルとなります。また、「リフレーミング」は、当事者の発言を関係改善の願いとして言い換えるという機能が重要となります。本節では、メディエーション場面におけるメディエーターの「話を聴くスキル」の意義を解説し、メディエーターとして「傾聴」「リフレーミング」のスキルを高めるためのエクササイズを紹介します。

当事者の怒りや不安を鎮めるために

メディエーターが「話を聴く」ことの第一の意義は、「当事者の怒りや不安を鎮めやすくなる」ということです。

もめごとが起こっているときに、自分の言い分を理解されなかった人々の中には、相手に対して怒りを感じる人がいます。彼らの気持ちの背景にあるものは、「自分の関心や希望を、相手にわかってほしい」という気持ちです。換言すれば、怒りの気持ちは、自分の関心や希望を伝えるために出てきている、といえます。

また、戸惑いや心配を感じる人もいます。戸惑いや心配を感じている当事者の根底にあるものは、「自分の関心や希望が他者に尊重されるのか」という不安です。

メディエーターが、相手が理解してほしい関心や希望に注目し、理解を示すと、当事者の「理解されたい」気持ちは満たされるので、それ以上の怒りや不安を感じる必要がなくなります。当事者としては、「自分の関心や希望は尊重されるだろう」と感じられるので、怒りや不安が和らぐでしょう。このように、メディエーターが心をくばりながら当事者の話を聴くことで、当事者の怒りや不安などを緩和することができます。

また、怒りや不安が和らぐということは、相手の話に耳を傾ける余裕が生まれることにもつながります。もめごとの渦中にいる当事者は、通常、自分の主張をすることに精一杯です。頭と心が、自分の希望をなんとしてでもかなえなければという気持ちや、それができるだろうかという不安などにとらわれて、余裕がなくなっています。

メディエーターが当事者の話を傾聴すると、当事者は、その気持ちをメディエーターに「預ける」ことができます。すると、心に余裕が生まれるので、対立している相手の話を、余裕をもって聴けるようになるようです。

メディエーターが「話を聴く」ことによって、当事者たちは安心してメディエーションの場に留まり、必要以上に怒りや不安を感じることなく、相手の話にも耳を傾けられるようになります。

当事者が自分自身の関心や希望を理解しやすくなるように

メディエーターが「話を聴く」ことの第二の意義は、「当事者が自分自身の関心や希望を理解しやすくなる」ということです。

当事者たちがもめごとの渦中にあるとき、彼ら自身の関心や希望を見失わずにいることは、簡単ではありません。彼らはもめごとに巻き込まれると、自分を守ろうとすることに懸命になり、そのことで頭と心がいっぱいになります。すると、余裕がなくなるため、もめごとが生じる前に、自分が相手に何を求めていたのか、忘れてしまいがちになります。たとえば、クラスメイトに仲間外れにされて悲しかった児童が、再び仲間に入ろうとするのではなく、クラスメイトを見返すことを目的にしてしまうような場合には、もともと持っていた仲間に入りたいという希望が見返してやりたいという希望にすり替えられて、本来の希望を見失ってしまった状態だと理解することができます。

また、そもそも、当事者が自分の希望に気づいていないことも少なくありません。最初は自分が怒っていた理由がよくわかっていなかったけれど、誰かに向けて話をしていくうち、初めて自分の希望が明確になり、実はこうしてほしかった／こうしないでほしかったんだ、と気づく人もいます。

そのため、メディエーターは、当事者たちの自己防衛を解除しながら、彼ら自身が自分の関心や希望を理解できるように（場合によっては再確認できるように）話を聴く必要があります。当事者に自分自身の関心や希望を理解してもらう（再確認してもらう）ためには、メディエーター自身が、相手の話を丁寧に聴いていくことが、もっとも効果的です。相手の話には、さまざまな要素が含まれています。その人なりの、もめごとのきっかけや経過に関する理解、その渦中にあるときの自分の気持ち、相手への推測などです。メディエーターがそれらの要素を理解できるように確認していくのならば、当事者はメディエーターに話をしたり、質問に答えたりすることになるため、自分の関心や希望がより明確になります。すなわち、メディエーターが当事者の希望や関心を理解した分だけ、当事者もそれを理解できるようになるというのが、第二の意義となります。

両方の当事者が相手の関心や希望を理解しやすくなるように

メディエーターが「話を聴く」ことの第三の意義は、メディエーターだけではなく、もう一方の当事者も、もめごとの相手の関心や希望への理解を深められるということです。

繰り返しになりますが、もめごとの渦中にある当事者が話し合いをするときには、相手を理解しようとすることよりも、自己を防衛しようという意識が先に立つことが、少なくありません。たとえば、一方の当事者が、「おれが外で遊びたいと言ったのは、ドッジボールをしたかったからだよ！」といったのに対して、もう一方の当事者が、「おれはその時ドッジボールなんか、したくなかったよ！」というような、売り言葉に買い言葉が飛び交うような場合です。このようなとき、ドッジボールをしたかったという当事者には、「なぜドッジボールをしたかったのか」「そのときでなければならなかったのか」などの考えがあるはずです。しかし、もう一方の当事者としては、ドッジボールを避けたい気持ちがあり、それを優先したくなっています。これでは、相互の理解は深まりません。

このようなとき、メディエーターは、当事者たちが自分を守る機能を、当事者にかわって担うことができます。メディエーションでは、当事者はもめごとの相手とメディエーターの対話を間接的に聞くことになります。ということは、当事者は相手の関心や希望を直接自分に向けられる脅威から解放されるということです。しかも、メディエーターは、たとえもめごとの相手が怒っていたとしても、関心や希望を理解することを通して、その怒りをも軽減することができます。だから、当事者は、自己防衛する必要のない安全な状況で、相手の話をいっそう聴くことができるようになるのです。

このようにしてメディエーターが当事者たちの話を丁寧に理解しながら聴いていくと、当事者たち自身の相手に対する理解度も変化していきます。話を聴いている方の当事者の方が、しばしば、はっとした表情をしたり、「ええっ!!」と驚いたりするのは、こうした理解の深まりを表しています。双方の間に誤解が生じていたり、一方が知っている前提を、もう一方が知らなかったりした場合は、この過程を通して、それが解消されることでしょう。そして、当事者たちはメディエーターを媒介として、おたがいの関心や希望を理解できるようになっていきます。これが、メディエーターが話を聴くことの、第三の意義です。

傾聴

それでは、メディエーターは当事者の話をどのように聴けばいいのでしょうか。基本的なスキルとして、「傾聴」を挙げることができるでしょう。

「傾聴」とは、相手の話を丁寧に聴くことであり、カウンセリングや教育相談の学習課程で学ぶものと、基本的に同じです。前述のように、「傾聴」には、怒りや不安を鎮め、双方の当事者が自他の関心や希望を理解することを促進する効果があると考えられています。したがって、「傾聴」はメディエーションの過程で使われるスキルの中で、もっとも基本的なものだということができるでしょう。

ここでは、メディエーションで使われる「傾聴」の最低限のコツについて論じます。「傾聴」については、すでに多くの類書があるので、より詳しく知りたい方は、諸富（二〇一〇）などを参照してください。

「傾聴」のスキルを習得するコツは、第一に、最初から「共感しよう」とせず、「相手のものの見方を理解しようとする」ということです。よくある誤解として、「傾聴」といえば「共感」、「共感」といえば「相手と同じように感じる」ことが重要であると思われがちです。しかし、「相手と同じように感じる」ためには、相手のものの見方を理解し、その文脈に沿ってもめごとを理解し続ける必要があります。それを飛ばして、最初から「共感」しようとすると、似たような気持ちを自分の経験から探し出し、思い出すことはできますが、相手の「ものの見方」を踏まえた気持ちを想像することはできません。その結果、相手からみれば、「わかったつもりになっている」ように見えてしまいます。

逆に、「相手のものの見方を理解する」と、「この人は、この場面でこのことを大切にする人だから、きっとこう感じるだろう」と想像できるようになります。すると、自然に気持ちが動き、共感もできるようになっていきます。つまり、充分な「共感」の前には、かならず「相手のものの見方を確認する」過程があるということです。したがって、最初から「共感しよう」とするより、「相手のものの見方を理解しよう」と思って関わる方が、有用なのです。

「傾聴」の第二のコツは、「主語を相手にして話す」ということです。たとえば、子ども同士のメディエーションの場面で、一方の当事者が、「僕は、滑り台を滑る順番をきちんと待っていたのに、横入りされて、順番を飛ばされたんだよ!」と怒っていたら、あなたは、どのような言葉を返すでしょうか? よくないのは、「ああ、わかるよ。わたしも、順番を飛ばされたことがあって、そのときはとても悲しくてね……」などと返すことです。この返答がよくないのは、自分の話になってしまっているからです。これでは、自分のものの見方や気持ちを優先してしまい(「悲しくてね」)、当事者のものの見方や気持ち(怒っている)に寄り添えないかもしれません。

この場合は、そうではなく、「あなたはきちんと待っていたのに、順番を飛ばされたから、腹を立てたんだね」などと返すのがよいでしょう。主語が「話し手本人」であることに注目してください。このように言葉を返すと、焦点が相手からずれないので、ものの見方を確認しやすくなります。また、話し手本人だけでなく、もめごとの相手にも、メディエーターが当事者たちを理解しようとしている姿勢が伝わるでしょう。

第三に、これは公正・中立的な立場を意識することとも関連しますが、できるだけ「話をしている当事者にとっての事実」であることを踏まえた応答を行うということです。カウンセリングでは、話し手の心的事実を重視します。それは、メディエーションでも同様です。しかし、両方の当事者がメディエーターとの対話を聴いているメディエーションの場面で、「話をしている当事者にとっての事実」という視点を見失うと、もう一方の当事者としては、メディエーターが相手の味方についたように見えて、脅威に感じることがあります。メディエーターがわざわざ当事者を脅かす必要はありません。したがって、より脅威的にならない「傾聴」を心がけられるとよいでしょう。そのためには、心的事実を重視しつつも、それがあくまで「その人にとっての事実」であることを踏まえた応答をすることが重要です。

たとえば、NさんとOさんがメディエーションに参加している場面を例として、考えてみましょう。みなさまは、Oさんの立場を想像して読み進めてみてください。Oさん（みなさま）は、「少しだけNさんと距離をおいた方がいいのかなぁ……」とは思ってはいますが、絶交したいというわけではないとします。しかし、Nさんは「Oさんがわたしと絶交したいと言っていると、別の友達から聞いたから、それなら、もう関わりたくないなぁ、と思って……」といいました。以下に、異なるメディエーターの応答の言葉を、二つ示します。それぞれの言葉を聴いて、どのような気持ちになるか、味わってみてください。

一つ目の応答は、「Nさんは、Oさんが絶交したいと言っていたと知ったので、もう関わりたくなくなったのですね」というものです。もう一つは、「Nさんとしては、Oさんが絶交したいと言っていたと思ったから、もう関わりたくないと思ったのですね」というものです。当事者であるOさんとしてこれらの応答を聞いたとき、みなさまは、どのような気持ちになるでしょうか。最初の応答の方が、二つ目の応答より、気持ちが動揺するのではないでしょうか。

二つ目の応答が、「その人にとっての事実」を強調した応答です。この応答では、メディエーターは、「Nさんとしては……」や「……と思った」などの言葉を使って、それがNさんのものの見方であることを踏まえた返答になっています。この応答であれば、Nさんの見方（誤解）であることが明確なので、わいてくる気持ちは「そうじゃないんだよなぁ、そうか、ここに誤解があったんだ……」と思いやすいのではないでしょうか。

これら二つの応答は、ともに「傾聴」のスキルに基づいた応答です。しかし、焦点を当てる部分が異なると、メディエーターの応答が変わり、当事者の気持ちも変化します。

このように、「傾聴」のスキルの根幹は個別カウンセリングの場合と同様ですが、メディエーションでは、「その人にとっての事実」に、より焦点を当てることになります。文末のエクササイズでも、その違いを体験してみてください。

リフレーミング

もう一つ、「傾聴」のスキルと合わせて習得していただきたいものが、「リフレーミング」と言われる技法です。なぜなら、当事者のものの見方を確認した上で「リフレーミング」を行うと、メディエーションはよりいっそう豊かな解決策を生むからです。

「リフレーミング」とは、英語では「re-framing」と綴ります。「re」は「再」、「framing」は「枠づけ、意味づけ」ですから、「改めて意味づける」という意味になります。すなわち、「リフレーミング」を通して、メディエーターは、当事者のものの見方や関心、希望を「改めて意味づける」のです。

たとえば、ある当事者が以下のように語っていたとしましょう。「わたしはこんなに気をつかっているのに、相手は全然、そのことを理解してくれなかったんです。だから、もう顔を見るのもいやという感じです」

このような場合、「傾聴」にかわる選択肢として、「リフレーミング」は役に立ちます。「傾聴」で対応するのならば、「あなたとしては、理解してもらえていないようでつらかった。だから、もう相手と絶交するしかない、と考えているのですね」となるでしょうか。しかし、これは、行き詰まりを生むかもしれません。当事者としては、「そうだ、やはり絶交しかない」と、絶交に向けて意志を固めてしまうかもしれません。また、相手としても「絶交するしかないというならば、もう関係を改善する余地はないのか……」と、諦めてしまうかもしれません。こうなると、解決策は「絶交」という、関係改善とは逆の方向に向かいかねません。メディエーションを成功させることは、困難になってしまいます。

ここに、「リフレーミング」を活用する意義とチャンスが存在します。たとえば、前述の言葉に対しては、「ということは、あなたが気をつかっていることを、相手が理解してくれれば、絶交はしなくて済むのになぁ、と考えていらっしゃるということでしょうか」と返すことができるかもしれません。これが「リフレーミング」です。このように返答するならば、発言した当事者としては、「そうなんだよなぁ、どうにか理解してほしいなぁ」と、相手への期待を高めるでしょう。他方の当事者としても、「そうか、理解をすれば、絶交する必要はないのだな」と、理解することへの動機づけを高めるかもしれません。これ以降は、どうすれば理解できるのかという視点で話ができるようになるので、メディエーションがうまくいく可能性も高まるでしょう。

当事者がどれほどメディエーションの最中にネガティブな発言を繰り返していようとも、彼らがメディエーションの場面に足を運んでくれている以上、相手との関係を改善したいという期待が全くないということはありえません。だから、ネガティブな言葉の背景には、「本当はこのままではいたくない」という願いが隠れています。メディエーターは、その願いに敏感である必要があります。そして、当事者の発言を踏まえつつ、その願いを描き出していくのが、メディエーションにおける「リフレーミング」だといえるでしょう。

「リフレーミング」を行うコツは、当事者の言葉を、関係改善のために自分はこれをしたい（または、相手にしてほしい）という願いに置き換えるのならば、何になるかと考えることです。「あいつはおれをバカにした、だからやり返してやりたい」という訴えに対しては、どうでしょうか。筆者ならば、まず、どのようなものの見方が当事者にそれを言わせるのか、と考えます（傾聴）。その結果、たとえば「悔しさ」かもしれないと想像したら、悔しさを解消できればよいのではないかと考えます。そこまで推測できたら、「馬鹿にされたことが悔しかった、その傷さえ癒やされれば、これほどやり返してやりたいと思わずに済んだということでしょうか」と、たずねてみることができるのではないでしょうか。

または、「ということは……」という言葉で当事者の発言を置き換えるのも、有効かもしれません。前述の例で言えば、「ということは、馬鹿にされたことが、まだ心にひっかかっているので、その気持ちをどうにかして伝えないと気が済まないということでしょうか」などです。

このように、「リフレーミング」によって当事者の言葉を関係改善の願いに変換することができると、メディエーションの成功率は高まります。以下のエクササイズで、ぜひ、学んでみてください。

◇エクササイズ

本節では、「話を聴くスキル」として「傾聴」と「リフレーミング」に注目し、その意義と実践上のコツについて論じてきました。

それでは、本節で学習したスキルを使用して、以下の例題に取り組んでみましょう。

◇エクササイズ 【例題 2-4-1】・・・・・・・・・・・・・・・・・

あなたはある中学校2年生のクラスの担任をしています。クラスには，Pさんと Q さんという女子生徒がいます。P さんは合唱部のリーダー，Q さんは合唱部のメンバーでした。

ある日の放課後，あなたは，P さんが泣いているのを見つけました。事情をたずねると，部活動で Q さんとの間でトラブルがあり，睨みつけられ，そのことがショックで思わず涙が出てしまったことを語りました。あなたはP さんの話を一通り聴き，P さんが落ち着いた後で，Q さんとメディエーションによって話し合ってみることを提案しました。P さんは承諾しました。また，Q さんにも，メディエーションを提案してみたところ，承諾しました。

メディエーションの構造化を終え，P さんから話し始めてもらうように促したところで，P さんは以下のように語りました。

「わたしは，次の合唱コンクールでも悔いのない合唱をしたいから，みんなに一生懸命歌うようにって言ってきたんです。

だけど，Q さんは，自由練習のときは他のメンバーとおしゃべりをしているし，全体練習のときも定位置につくのが遅いし，真面目にやっているように見えません。

それを言ったら，睨んでくるし……。

いい加減にしてほしいです」

問題1 P さんに，どのような言葉を返しますか？ 「傾聴」を意識して，具体的なセリフを考えてみてください。

問題2 さらに，「リフレーミング」を意識して，具体的なセリフを考えてみてください。

♧解説　【例題2-4-1】

問題1　まず、回答例を示します。

「Pさんとしては、Qさんが真面目にやっているように見えなかったから、もっと真面目にやってほしいという気持ちでいたんだね」

メディエーションにおける「傾聴」のポイントは、その発言がその当事者の見方であるということを、自然に、しかし明確化して返すということでした。ここでも、Pさんの見方であることがわかるように返答できるといいでしょう。たとえば、「Pさんとしては」という一言を入れたり、「真面目にやっているようには【見えなかった】」と表現したりするということです。この返答ならば、Pさんにはそのものの見方や気持ちを尊重していることが伝わります。同時に、Qさんにも、Pさんの語る内容が唯一の事実というわけではなく、Pさんのものの見方に基づいた事実であることがわかります。相互理解を深めるやりとりとなるでしょう。

逆に、できればしない方が望ましいのは、「Qさんが真面目にやっていなかったから、もっと真面目にやってほしかったんだね」などと返答することです。これは、Qさんを不安にさせるかもしれないからです。このような返答をしたからといって、ただちにメディエーションの失敗につながるということではありませんが、そうではない返答をした場合より、解決策を検討するまでに時間がかかるかもしれません。よって、Pさんの見方に基づいた発言であることが明確にわかるように応答した方が、より望ましいでしょう。

問題2 まず、回答例を示します。

「ということは、Qさんが真面目にやっているとしたら、あなたの気持ちは変わるのかなぁ?」

「リフレーミング」の第一のポイントは、「関係を改善したいという願いを推測すること」でした。読者のみなさまは、「いい加減にしてほしいです」という言葉に込められたPさんの願いは、何だと想像されましたか? 筆者としては、発言全体から「真面目にやっていることを示してほしい」ということではないかと想像しました。そこで、第二のポイントである「ということは……」という言葉も活用して、「リフレーミング」を行いました。

もしかしたら、読者のみなさまの中には、筆者とは別の「関係改善の願い」を想像された方がいらっしゃるかもしれません。もちろん、問題はありません。大切なのは、関係改善の願いは何かと考えて、置き換えることです。このようにして、関係改善の願いを引き出し、理解することができれば、「Pさんにとっての【真面目にやる】ことと、Qさんにとっての【真面目にやる】ことは、どのように違うのか?」「どうすれば、それができるのか?」といった、願いに基づいた現実的な解決策を検討できるようになります。

だから、「リフレーミング」は、メディエーションの成功率を上げるのです。

5　当事者の関心や希望を理解するスキル

もめごとの当事者である子どもから話を聴き、おたがいの気持ちを語ってもらったならば、メディエーターは、当事者の語りをもとに、彼らの関心や希望を理解する必要があります。そのとき、大切なことは、当事者の「潜在的希望」を確認し、同定していくということです。これがわかると、統合的な解決策を検討することが、容易になるからです。その意味では、メディエーションにおいてもっとも大切なスキルが、この「潜在的希望」を確認するスキルであるといえるでしょう。

本節では、「潜在的希望」とは何なのかを理解し、それを理解するコツを学びます。

「潜在的希望」とは

まず、耳慣れない「潜在的希望」について理解しておきましょう。メディエーションでは、希望には「顕在的希望」と「潜在的希望」があると考えられています。「顕在的希望」とは、もめごとの当事者たちの言い分そのものです。一方、「潜在的希望」とは、当事者の言い分の背後にある、「その言い分を手段として達成したい関心や希望」のことです。

たとえば、ある人が「スパゲティを食べたい」と言っているとします。このとき、「スパゲティを食べたい」というのが、「顕在的希望」です。しかし、人が「スパゲティを食べたい」と言うのは、「スパゲティそのものを食べたい」からとは限りません。あるときは、「お腹がすいたので何か食べたい」のかもしれません。あるときは、「ミートソースが合うものを食べたい」のかもしれません。または、「一週間に一度は麺類を食べることにしており、食べないと落ちつかない」のかもしれません。いずれにせよ、ある人が「スパゲティを食べたい」と言っている場合だけでも、その言い分の背後には、さまざまな理由が考えられます。これらが、「潜在的希望」ということになります。換言すれば、「潜在的希望」とは、当事者が「顕在的希望」を達成したいと思う「理由」であり、「顕在的希望」とは、「潜在的希望」を達成するための「手段」であるということができるでしょう。すなわち、「顕在的希望」に込められた願いを紐解き、当事者同士が理解できるようにしていくのが、「潜在的希望」を確認するスキルということになります（ほかの例でも確認しておくと、第I章第2節、「統合」スタイルで挙げたDさんの「顕在的希望」は、「次の休日に公園で遊ぶこと」であり、「潜在的希望」は、「テニスを三セットすること」でした。また、Eさんの「顕在的希望」は、「屋内で遊ぶこと」であり、「潜在的希望」は、「虫や日差しを避けること」でした）。

なぜ、メディエーターは、当事者の「潜在的希望」を引き出す必要があるのでしょうか。それは、「潜在的希望」を明らかにすることが、統合的解決、すなわち、おたがいに満足できる解決策を検討するためにほぼ不可欠だからです。一般的にいって、もめごとは、「顕在的希望」の衝突、すなわち、その手段をどちらがとるのかという問題に基づいて発生します。いわゆる、「パイの分配」を巡るもめごとです（これを「固定資源知覚」(Bazerman, 1983) といいます）。もめごとをこのようなものだと知覚したまま、もめごとの解決策を検討すると、相手の希望をかなえることは、自分の希望を諦めることになります。このようなときには相手と関わる姿勢が対決的になりやすい（大渕、二〇一五）ので、おたがいに納得する解決策には辿りつきにくくなります。

しかし、そもそも、もめごとの当事者たちの目的は、どのような手段をとるかではなく、何らかの手段を通して、自分の「潜在的希望」をかなえることです。その「潜在的希望」を達成する代替手段は、他にもあるはずなので、必ずしも、いまある手段にこだわる必要はありません。もめごとのさなかにある当事者たちは、視野が狭くなりがちであるため、それに気づかないことが多くなります。しかし、メディエーターが「潜在的希望」に注目し、彼らのそれを見いだすことができれば、ともに納得できる解決策を生み出せる可能性は高まります。

メディエーターが「潜在的希望」に注目し、確認していく姿勢を見せると、当事者たちも手段へのこだわりから離れ、おたがいの「潜在的希望」に注目することができます。その結果、彼らは、衝突し合う手段を巡って争う関係ではなく、おたがいの希望を達成するために何が有効なのかをともに検討する関係にもなれることに気づけます。そのため、まずはメディエーターが「潜在的希望」に注目する必要があるのです。

「潜在的希望」に注目するために

前述のように、もめごとを抱えている当事者を統合的解決に導くには、メディエーターは彼らの「潜在的希望」を知る必要があります。そのためには、当事者が語る「顕在的希望」を理解しながら、さらにもう一歩踏み込み、「この人が○○したいと言っているのは、どうしてだろうか?」と考える必要があります。

「潜在的希望」を同定するヒントになるのが「マズローの欲求階層説」です(図Ⅱ-1)。

マズロー(Maslow,A.H.)は、人間の欲求を、もっとも基本的なものから順番に、生命維持に関わる「生理的欲求」、身体的な安全や、心の安定などに関わる「安全と安心の欲求」、集団の一員に加わりたいという「所属と愛の欲求」、所属集団の内部で認められたいという「承認の欲求」、自分の力を発揮したいという「自己実現の欲求」と名づけました。

このようにして見てみると、もめごとの当事者が抱く「潜在的希望」が、ある程度、このいずれかに含まれることがわかります。運動部のポジションを巡ってもめている中学生は、ともに「承認の欲求」を満たしたいのかもしれません。あるときまで仲のよかった友人が、別の友人と仲よくするようになり、寂しく思っている生徒は、「所属と愛の欲求」を抱き、「自分も大切にしてほしい」と思っているのかもしれません。

このように、「マズローの欲求階層説」は、もめごと当事者の「潜在的希望」を理解する上で参考になります。もちろん、「潜在的希望」の具体的な中身は個人ごとに異なるので、常に、また即座に、理解できるときばかりではありません。しかし、それでも手がかりにはなりえます。何の手がかりもなく、「この人が○○したいというのは、どうしてだろう?」と考えるより、「この人が○○したいというのは、五つの欲求の中の、どれに基づいているのだろう?」と考える方が、「潜在

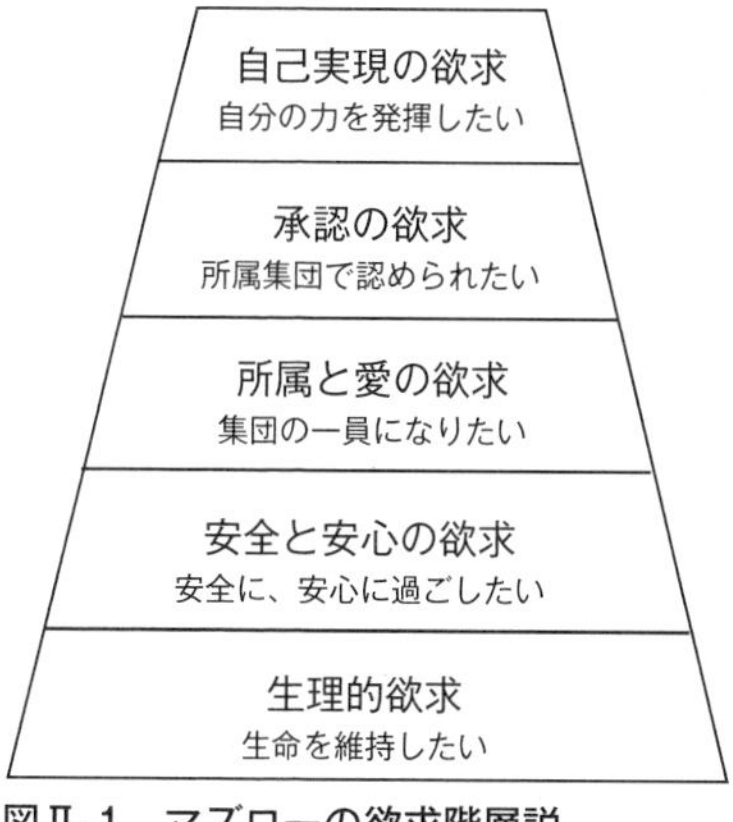

図Ⅱ-1　マズローの欲求階層説
（廣瀬・菱沼・印東，2009 を改編）

的希望」を理解しやすくなるでしょう。

繰り返し理解し続ける

しかし、「マズローの欲求階層説」を参考にしても、当事者の「潜在的希望」が何なのか、わかりにくいことがあります。「あれかな？　それとも、これかな？」と複数の候補が思い浮かんでしまって、絞り込みにくいこともありえます。このようなときには、前節で述べた「傾聴」のスキルを活用するとよいでしょう。すなわち、当事者の話を聴きながら、「話を聴いていると、あなたが○○したいのは、それを通して××したいからだと思えるのですが、どうですか？」と、確認に努めていくということです。

「潜在的希望」を理解していく上でもっとも大切なことは、相手の「潜在的希望」に注目することはもちろん、それを確認し続けることです。相手の「潜在的希望」を理解するべきだというと、それを「素早く」「正確に」理解することが大切であると思われがちです。確かに、もめごとの当事者の「潜在的希望」を素早く理解できれば、解決策を検討することも、早い段階でできるようになるでしょう。また、最初から「正確に」理解できれば、何度も確認をする必要はなくなるので、時間の短縮になるかもしれません。しかし、それでも、これらは二番目に大切なことです。「潜在的希望」を確認し続けることは、それ以上に大切なのです。

なぜなら、「潜在的希望」は、他者から確認されて初めて、もめごとの当事者の中で明確になるという性質があるように思われるからです。もめごとの当事者は、大人であっても、視野が狭くなると言われています。このようなときには、本人でさえ、その手段をとりたい理由に（つまり「顕在的希望」をとることによって満たしたい「潜在的希望」に）気づいていないことが、少なくありません。しかし、他者から「潜在的希望」に関心を向けられて、これを確認されると、当事者も、「自分は、本当は何をしたかったのだろう？」と「潜在的希望」に立ち返る余地が生まれ、「潜在的希望」を自覚しやすくなります。それに加えて、メディエーターが確認を行うと、メディエーターだけでなく、もう一方の当事者も、相手の「潜在的希望」をより正確に理解できるようになります。したがって、当事者たちの「潜在的希望」に注目し、それを確認し続けることは、最初からぴったりとそれを突き止めることより、重要なことなのです。

ただし、問い詰めるように確認するのは、よいやり方ではありません。前述したように、「潜在的希望」は、「顕在的希望」をとりたい理由に当たるものです。それを確認しようとすると、わたしたちは、つい、「なぜ？」「どうして？」と聞いてしまうことが多くなります。しかし、よく言われるように、これらは、相手を問い詰める質問と受け止められがちです。問い詰められていると感じると、当事者は防衛的になります。防衛的になると、対立姿勢が強まり、視野が狭くなるので、自他の「潜在的希望」には目を向けにくくなります。

したがって、このようなときには、「なぜ？」「どうして？」とたずねるのではなく、「相手の話を聴いて、「潜在的希望」を推測して、たずね返す」ことをオススメします。たとえば、「つまり、あなたが○○したい（「顕在的希望」）といっていたのは、それによって××（「潜在的希望」）をしたかったからなのかな？」「××（「潜在的希望」）をするために、○○（「顕在的希望」）したいと言っていた、ということかな？」などです。これらの言葉のニュアンスを、「なぜ、あなたは○○したいと言ったのかな？」などの言葉と比較してみてください。前者のように言われた方が、後者のように「なぜ？」と言われるよりも、理解しようとされていると感じられるのではないでしょうか。

このように、もめごとの当事者たちの「潜在的希望」に注目するためには、彼らが防衛的になる必要がないように、「潜在的希望」を確認していく姿勢が大切になります。これらの言い方は決まり文句のようなものなので、以下のエクササイズで練習してみてください。

◇エクササイズ

本節では、「潜在的希望」に注目し、それを確認するスキルを論じてきました。

それでは、本節で学習したスキルを使用して、以下の例題に取り組んでみましょう。

◇エクササイズ 【例題 2-5-1】・・・・・・・・・・・・・・・・・・・・

Ｒさんとさんは，小学４年生で，同じクラスに所属しています。２人とも，同じアニメのキャラクターが大好きです。

ある日の昼休み，そのキャラクターの絵が描いてある下敷きを新しく買ったＲさんは，Ｓさんに「いいだろう!!」と言って見せていました。Ｓさんは「いいな!!」と言って，ぱっと手を伸ばし，Ｒさんからとってしまいました。Ｒさんは顔色を変えて，「勝手にとるなよ!!」と言って，Ｓさんを叩いてしまいました。

事情を聞いた先生が２人から事情を聞きました。すると，Ｒさんは，「下敷きが汚されると思ったんだもん」と言っています。一方，Ｓさんは，「だって格好よかったんだもん」と言っています。

問題１ Ｒさん，Ｓさんの「潜在的希望」をそれぞれ推測してください。

Ｒさん

Ｓさん

問題２ Ｒさん，Ｓさん，それぞれに対して，どのように「潜在的希望」を確認するか，具体的な言葉を考えてみてください。

Ｒさん

Ｓさん

♧解説　【例題2-5-1】

問題1　まず、回答例を示します。

［Rさん］

せっかく買った下敷きが、壊れたり汚されたりしてしまうのではないかと感じて不安になり、安心したかった。

［Sさん］

自分も下敷きを手に入れられる人になりたかった。

Rさんは「顔色を変えて」「『勝手にとるなよ!!』と言って、Sさんを叩いて」います。思わず手が出てしまっていることから、彼が非常に防衛的になっている様子が窺えます。防衛的になるということは、「守る」必要性を感じた、つまり、何らかの脅威を感じたということでしょう。そうだとすれば、これは「脅威を防ぎたい」という希望なので、「安全と安心の欲求」に当たると考えられます。もちろん、身体的な安全・安心が脅かされたわけではないでしょうから、心理的な安全・安心に脅威を感じたということでしょう。もしかしたら、「せっかく買った下敷きが壊れたり、汚れたりしてしまうのではないか」と感じて、穏やかな気持ちではいられなくなってしまったのかもしれません。

一方、Sさんは「いいな!!」と言って、「ぱっと手を伸ばして」います。また、事情をたずねたところ、「格好よかった」と言っています。つまり、「格好いいキャラクターを見たいから、思わず手を伸ばしてしまった」ということでしょう。

もしもSさんが同じ下敷きを持っていたとしたら、このような行動には及ばなかったのではないでしょうか。そうだとすれば、これは「自分『も』下敷きを手に入れたい」という希望なので、欲求階層説で言えば「所属と愛の欲求」に当たると考えられます。より正確に言うならば、「自分『も』下敷きを見られる人になりたい」ということだといえるでしょう。

問題2 まず、回答例を示します。

［Rさん］
「もしかして、いきなりとられたから、下敷きが壊れるんじゃないかと心配になっちゃったのかな?」

［Sさん］
「もしかして、下敷きを持っているRさんが羨ましくなって、自分も見たい、と思ったのかな?」

前述した通り、ここでは決まり文句に則り、「顕在的希望」から「潜在的希望」を確認してみました。

繰り返しますが、このような推測は、彼らの「潜在的希望」を確認する姿勢であることが大切であり、彼らの「潜在的希望」と初めからぴったりと一致している必要はありません。もしかしたら、当事者は、メディエーターの推測とは全く異なることを話し始めるかもしれません。そのときは、もう一度、推測から、確認の段階に戻ればよいのです。

大切なのは、メディエーターが「潜在的希望」に注目すること、そして、確認を通して、それを理解しようとする姿勢を示すことです。

6　解決策の検討を促すスキル

　これまでは、メディエーターとして、安全な話し合いのできる場面を構成し、公正・中立を保ち、もめごとの当事者の話を丁寧に聴きながら、その人たちが望んでいる潜在的希望は何かを確認する、というスキルを検討してきました。潜在的希望がおたがい明確になったら、最後に、両者に「具体的な解決策の検討を促す」ことになります。

　メディエーションにおいて、解決策を中心となって検討するべきなのは、他ならぬ当事者たちです。最初に、当事者たちが解決策を検討することが、どのようによい効果をもつのかを解説します。そして、解決策の検討を促すために、メディエーターは何ができるのかについて、検討していきます。

もめごと解決への効力感を高めるために

もめごとの当事者たちに解決策を検討するように促す第一の意義は、彼らの「もめごとを自分たちで解決できる」という自己効力感を高められるということです。自己効力感とは、一言で言えば「自分はできる」という感覚で、わかりやすく言えば自信のようなものです。だから、「もめごとを自分たちで解決できる」という自己効力感を高めるということは、もめごとを自分たちで解決できるという自信をつけてもらうという意味になります。

「自分はもめごとを解決できる」と感じられるようになることは、もめごとの当事者に変化をもたらします。一つ目の変化は、次にもめごとが生じたときにも、それに取り組みやすくなるということです。一般的に、人間は、自己効力感が高い物事ほど得意であると感じ、積極的にその物事に取り組むと考えられています。計算問題を解くことに高い自己効力感を持つ子どもは、算数を好きになりやすいし、運動能力に自信のある子どもは、体育の意欲が向上しやすいということです。ということは、メディエーションによってもめごとを解決し、もめごと解決に対する自己効力感の高まった人は、次にもめごとが起こったときにも、ますます、もめごと解決に取り組みやすくなるということです。

すると、第二の変化として、もめごとを解決するためのスキルが向上することになります。「好きこそ、ものの上手なれ」という言葉の通り、ものごと解決に自己効力感を持つ人は、もめごと解決への取り組みが増えますから、結果的に、練習量も増えます。その結果、彼らのもめごと解決スキルは、ますますうまくなるでしょう。

さらに、三つ目の変化として、他者との間にもめごとが生じることを、必要以上に怖がらなくても済むようになります。このような人は、「もめごとが起こったとしても、対話して解決すればいい」と考えられるようになるからです。実際、対話によってもめごとを統合的に解決できることを学んだ人は、自分や他人の怒りの感情を恐れなくなり、もめごとが怖くなくなったと語る人が増加する（益子、二〇一七）という報告があります。そして、これもまた、もめごとに取り組みやすくなる要因になると考えられます。

このように、当事者たちにもめごとの解決策を検討してもらうということは、彼らにもめごとを自分たちで解決できるという自己効力感を与え、さらにもめごと解決がうまくなるという効果をもつと考えられます。

実行されやすい解決策を考え出せるように

もめごとの当事者たちに解決策を検討するように促す第二の意義は、当事者たちが、彼ら自身に「ふさわしい」解決策を考案しやすくなるということです。ここでいう「ふさわしい」には、二つの意味があります。一つは、彼ら自身が納得しやすいということ。もう一つは、そのあと、何かを実行することになったときに、実行しやすいということです。

メディエーションの大きなメリットの一つは、当事者が「納得しやすい」ことである、と述べました。それは、おたがいの話を聴き合えるからだけではなく、解決策を自分たちで考え、決められるからである、と考えられています。

それに加えて、メディエーションで決められた解決策は、実行されやすいことが知られています。なぜなら、人間には、たとえ行うことが同じであっても、自分で決めた場合には、他者から決められた場合より納得しやすく、動機づけも上がりやすいという傾向が備わっているからです。たとえば、宿題をやるときに、親に取り掛かる時間を決められたときと、自分で取り掛かる時間を決めたときでは、後者の方が動機づけが高かったという経験をしたことがある方も、少なくないのではないかと思います。それは、この傾向によるものです。

もめごとの解決策を実行するときも、同じことがいえます。すなわち、誰かに決められた解決策よりも、自分が関わって決めた解決策の方が、動機づけが高くなるのです。動機づけが高くなるということは、実行もされやすいということです。実行されれば、その後、同じようなもめごとを回避できます。

そのため、彼ら自身に解決策を考え出してもらうことが重要なのです。

解決策の検討を促す「決まり文句」

それでは、具体的に、どのような言葉をかけるべきなのでしょうか。メディエーションのテキスト（レビン小林、一九九八）にある事例などを見ると、以下のような言葉で、解決策の検討を促していることが理解できます。

「二人が望んでいることをともに満たすような解決策が出てくるといいと思うのですが、お二人は、どうすればいいと思いますか？」

もちろん、趣旨が伝わるのならば、細かい表現は修正していただくことができます。一字一句同じである必要はありません。

この言い方は、三つのメッセージを含んでいます。第一に、二人が望んでいることをともに満たす解決策」（すなわち、統合的な解決策）が出てくれば、二人はもめずに済むということを伝えている、ということです。筆者の経験では、このように言われてはっとした表情に変わる子どももいます。多くの場合において、もめごとの渦中にある人間、とくに子どもたちは、自分の希望と相手の希望が同時に満たされる解決策はない、と思いこんでいます。だから、改めてこのように指摘し、目指すべき解決策を思い出してもらうことが必要になります。

第二に、もめごとの当事者である二人が、解決の主体者であることを伝えている、ということです。解決の主体者であるということは、二人にぴったりな解決策を検討できるのは、ほかならぬ二人である、ということでもあります。かつては、もめごとの当事者と、それを聴く「調停人」（たとえば、「社会生活上の豊富な知識経験や専門的な知識を持つ」裁判所の調停委員）の間には、知識に格差があったため、「調停人」は当事者よりよい解決策を考案できることがありました。しかし、いまや、知識の格差は昔ほど大きくありません。さらに、わたしたちは、ロジャーズ（Rogers, C.）が指摘したように、解決策を知っているのは、専門家ではなく当事者であるというパラダイムが存在することを知っています。その上、当事者自身が主体となり、考案した解決策は、実行される可能性が高いものになることが多いのです。したがって、もめごと当事者に解決策を検討するように伝えて、彼ら自身が解決の主体者であることを知らせることには、意義があります。

第三に、もめごとの当事者である二人に解決策を考え出す力があると、メディエーターが考えているということを伝えている、ということです。大人が、ああするべきだ、こうするべきでない、という指示を出したくなるとき、大人は、子どもたちの解決策を考案する力を信じ切れておらず、当事者だけで解決できるかどうかわからないと、不安になっています。すると、子どもたちもその不安を感じ取り、やはり自分たちにはもめごとを解決することはできないのではないかと、自信をなくしてしまうかもしれません。これに対して、「君たちにとって一番いい解決策は、何だと思う?」という問いかけは、あれこれ指示するのとは逆の行為です。そのため、これとは逆の効果をもたらすと考えられます。すなわち、この言葉を聞いた子どもたちは、自分たちは解決できると信じられていると感じ、実際にできるかもしれないとも考えられるということです。

以上のように、子どもたちに解決策を考えさせるような言葉には、二人とも満足（納得）できる解決策があるはずだということや、当事者が解決策を考え出し、実践する主体であるということ、当事者に自分たちの問題を解決する力があるということを、伝える効果があると考えられています。これによって、子どもたちは、解決のために誰が何をするのかというアイディアを出していきやすくなるでしょう。

ブレインストーミング

解決策を考案する段階では、誰が、いつまでに、何を、どれくらいするのかということを、必要性に応じながら、具体的に検討していくことになります。このときのコツは、なるべくたくさんの解決策のアイディアを出してもらうことです。なぜなら、理論的に無数にあると考えられる、おたがいの潜在的希望を満たす解決策の中でも、より納得しやすいものを選び出せるとよいからです。

そのためのコツの一つとして、ブレインストーミングを推奨する研究者がいます（レビン小林、一九九八）。ブレインストーミングは、「無批判」「自由奔放」「質より量」「連想と結合」を原則としています。つまり、「おたがいの潜在的希望を満たしうる解決策」を、批判せず、自由に創出し合うということです。これらを伝えて、できるだけ多くの解決策のアイディアを出してもらいましょう。

具体例として、前節のRさんとSさんの事例をもう一度取り上げます。筆者は、Rさんの潜在的希望を「下敷きが壊れるんじゃないかと心配になった（安全と安心の欲求）」と予想し、Sさんの潜在的希望を「Rさんが羨ましくなって、自分も下敷きの絵を見たいと思った（所属と愛の欲求）」と予想しました。仮に二人の潜在的希望がこの予想の通りであったとしても、具体的な解決策を数多く考え出すことができます。たとえば、その一つとしては、「壊れないように遠くから見る」という解決策がありうるでしょう。しかし、「透明なカバーを被せて渡す」という解決策や、「下敷きの写真を撮って渡してあげる」という解決策もありうるかもしれません。または、「下敷きを買える場所を、Rさんから教えてもらって、保護者に買ってくれるようにと交渉する」こともできるかもしれません。もちろん、この他にも、解決策の候補はあるはずです。

ブレインストーミングを活用して解決策を検討するならば、このように、多様な解決策が浮かぶ可能性が高まります。すると、当事者は、複数の解決策の候補を比較検討し、どれが納得できるか、どれが実現可能かといった視点から、よりよいものを選ぶことができます。しかし、もしもブレインストーミングを行わずに、最初から現実的な制限をつけて解決策を検討すると、アイディアも制限されてしまいます。解決策の候補が一つか二つしかなければ、非常に狭い範囲から選ぶことしかできません。もしかしたら、もっと高められたかもしれない納得の程度が、低くなってしまいます。

メディエーションの最大のメリットは、「おたがいに納得できる解決策を考えられる」ということでした。このメリットを充分に生かせるように、ブレインストーミングを実践するのがよいでしょう。

メディエーターもいっしょに考える

以上では、解決策を考え出す主体＝主人公は、もめごとの当事者である方がよいと述べてきました。しかし、筆者は、メディエーターが当事者の解決策にまったく口を出してはいけないということではないと考えています。とくに、もめごとの当事者が子ども同士の場合は、その傾向はより顕著であると思われます。なぜなら、大人は、これまでの経験を生かした、子どもには思いつかないアイディアを生み出せる可能性があるからです。

大人は、一般的に、子どもよりも多くのもめごとに触れた経験があります。そのために、子どもを当事者として行われるメディエーション場面では、メディエーター（大人）の方が子どもよりさまざまな側面に気が付きます。また、大人は、思考力や発想力にも長けています。そのためか、解決策を検討するブレインストーミングにおいても、子ども同士は黙っているのに、大人には複数のアイディアが浮かんでいるということもありえます。

さらに、メディエーションにおいては、このような知識のある大人が、当事者それぞれの潜在的希望が何なのかということを、当事者の視点で理解しています。そのため、大人は、過去のもめごと解決に関する事例を踏まえながら、もう一方で、もめごと当事者の目線にも立てることになります。そのため、子どもたちより早く、解決策を生み出しやすくなります。

筆者自身の経験では、二人の女子高校生のメディエーションをさせてもらったときのことが思いだされます。彼女たちは、おたがいに対する誤解から意固地になり、絶交するかどうかという話まで出ていました。幸いなことに、メディエーションを通して誤解は解け、筆者は、「どちらかが『じゃあ遊びに行こう』と言えば、解決するんじゃないかなぁ」と感じ始めていました。しかし、ひとたび意固地な態度をとってしまった気まずさのためか、彼女たちはおたがいに「相手がまた遊びたいというんだったら、遊んでもいいよ……」という態度を崩せませんでした。しばらくして行き詰まりを感じた筆者が、「だったら、あなたたち、次の日曜日にどこかに遊びに行ったら？」と提案したところ、「先生がそう言うなら……」ということで、納得し、二人は遊びに出かけたようです。後日、そのうちの一人に会ったとき、彼女は笑顔で、こう言いました。「先生、もっと早く、遊びに行くように勧めてほしかったよ」。

慎むべきなのは、メディエーターが主導的に解決策を決めてしまうことです。それでは、たとえメディエーターがよかれと思って考え出した解決策であったとしても、二人にとってよいかどうかわかりません。また、当事者がもめごとを主体的に解決することによって学習するであろう、解決のためのスキルや自己効力感を育むことにもつながりません。だから、メディエーターが解決策を押し付けることは、避けるべきです。

しかし、メディエーションの過程でメディエーターが、当事者とともに理解してきた彼らの潜在的希望を踏まえ、いくつかのアイディアを出しながらも、最終的な判断は当事者に任せることができるのならば、メディエーターも解決策の検討に加わってもよいのではないか、と思います。

◇エクササイズ

本節では、当事者たちに解決策を検討するように促すことの重要性と、そのコツについて論じてきました。

それでは、本節で学習したスキルを使用して、以下の例題に取り組んでみましょう。

なたは，Ｕさんに言いたいことがあった。それが伝わればよかったんだね」と確認したところ，Ｔさんは頷きました。また，Ｕさんに，「ずっと友達だと思っていたから，ショックだった。直接言ってほしかった，という気持ちかな？」とたずねると，Ｕさんも肯定しました。

問題1 あなたがメディエーターならば，どのような言葉で，解決策の検討を促しますか？

２人に解決策を検討するように促してみてください。決まり文句をそのまま使っても，アレンジしてもけっこうです。

問題2 当事者の２人は，どうすればよいでしょうか？　対話に耳を傾けてきた「第３の当事者」として，解決のためのアイディアが，何か浮かびますか？

それをどのように提案しますか？

◇エクササイズ 【例題 2-6-1】・・・・・・・・・・・・・・・・・・・

ある中学1年生のクラスに，同じ生活班に属するTさんとUさんがいました。Tさんはクラス委員を務めており，Uさんはどちらかといえば目立たない生徒でした。2人は別々の小学校から来ていましたが，いっしょの部活動に入って行動をともにしており，教師から見れば，ウマが合い，仲よくしているように見えました。

ところが，ある朝，2人が怒鳴り合いのケンカを起こしました。周囲にいた生徒の話では，UさんがTさんにケンカをふっかけたといいます。

メディエーションに誘い，まずUさんから話を聴くと，以下のようなことを語りました。曰く，自分はずっとクラスで周囲からからかわれる対象になっていたといいます。堪忍袋の緒が切れ，今回自分をからかった相手を徹底的に問い詰めたところ，Tさんが陰でUさんをからかうように指示をしていたことを告げられたそうです。これを聞いたUさんは激怒し，当日の朝，Tさんの顔を見るなり，指示を出すのをやめるようにと怒鳴りました。その結果，2人は怒鳴り合いのケンカになってしまったということでした。

メディエーションの手続きに従い，次にUさんの話を聴いてどう思うかをTさんに確認すると，Tさんはそれが事実であることを，渋々ながら認めました。さらに気持ちを聴いていくと，Tさんは，Uさんの身なりが汚いために，とくに給食時に気になることや，成績がよいことを鼻にかけているように見えたこと，Uさんが同じ話を何度も聞いてくることがあり，自分の話を聞いていないように思えたことが不快であったことを語りました。メディエーターには，彼がUさんをからかうように扇動した背景が理解できてきました。

一方，それを聞いたUさんは，確かに身なりに気をつかえていないことを告白しながら，給食時に不快な思いをさせてしまったことを謝りました。また，メディエーターに助けられながら，Tさんとなんでもいいから話をしたい気持ちだったので，自覚はなかったけれど，同じことを何度も聞いてしまうことがあったかもしれない，と語りました。しかし，ずっと友達だと思っていたTさんに裏切られたように感じ，非常にショックを受けていることも語りました。

メディエーターは，2人の潜在的希望を確認しました。Tさんに，「あ

♧解説　【例題2-6-1】

問題1

解決策の検討を促すときの決まり文句は、「二人が望んでいることをともに満たすような解決策が出てくるといいと思うのですが、二人は、どうすればいいと思いますか？」というものでした。最初は、この形式をそのまま使っていただくとよいでしょう。細部の言い回しなどは、子どもたちとの関係性に応じて、適宜、修正を加えてください。たとえば、「二人が望んでいることが両方ともかなうような解決策が出せるといいんだけれど、どう？　二人は何か思いつくことがないかな？」と言っても、同じ意味になるでしょう。

アレンジをするのならば、確認の意味を込めて、潜在的希望を繰り返してみてもいいかもしれません。「Tさんは、言えない気持ちを伝えたかった。Uさんは、直接言ってほしかった。二人のこの願いがかなうような解決策があれば、もうケンカをする必要はないと思う。だから、そのための解決策をいっしょに考えませんか？」と言ってもいいでしょう。「二人がともに満足できる（納得できる）解決策を考えるのがよいということ」と「どうすればよいと思うかを、当事者に聞く」という趣旨から外れなければ、決まり文句は、自然な言い方や、言いやすい言い方に変えていただいて構いません。

もしも、決まり文句の趣旨を伝える自信がまだないという方は、それを書いたメモを手元に持っておくとよいでしょう。とくに、メディエーションの初心者は、そうしておくと安心です。

この言い方はよく使う言い方なので、メディエーターとして経験を積んでくれば、自然に頭に入ってきます。しかし、解決策の検討に至るまでの経過が激しかったり、時間がかかったりすると、ここで緊張の糸が切れてしまって、気が付くと決まり文句が出てこない、ということも起こりえます。とりわけ、初心者には、よくあることです。そのようなときに、メモがあれば、それを見ることができます。メモを見ることをためらう必要はありません。メディエーションに慣れるまでは、メモを確認しながらすすめていきましょう。

問題2

本文で論じたように、当事者に伝えるかどうかは別として、メディエーターとしても解決のための具体的なアイディアが思い浮かんでいることが望ましいでしょう。アイディアが浮かんでいれば、必要に応じて、それを提案できるからです。ただし、あくまで「提案」ですから、それを唯一無二の解決策であるかのように言うことは、慎むべきです。当事者それぞれにとっての実施しやすさや、子どもなりの事情というものがありますので、解決策の最終決定は、子どもに任せるべきでしょう。

筆者は、Tさんが思っていることを言えるようになれば、別の友達を扇動する必要はなくなるだろうと考えました。そこで、Tさんに、「何かUさんに伝えたいけれど、伝えにくいなぁということがあったら、大人か、信頼できる先生に、伝え方について相談してみるのはどうか？」

と提案するかもしれません。また、先生か、共通の友達に、「実はUさんに伝えたいことがあるんだけれど、自分では言いにくいから、かわりに伝えてみてくれない？」とお願いするということも、提案できるかもしれません。手紙で伝えてみるのはどうか、という提案もありえそうです。さらに、「こういうトラブルが起こる前に、何か気になることがあった時点で、メディエーションを申し込んでみたら？」というかもしれません。

この過程はブレインストーミングの考え方に基づいて行うので、メディエーターもまた、どのようなアイディアを出しても構いません。さまざまな角度から解決策を検討し、子どもたちの必要に応じて提案できるとよいでしょう。

III

もめごと解決のための具体的方法②

——統合的葛藤解決スキルを教える

1　統合的葛藤解決スキルの構成要素

第Ⅱ章では、メディエーションについて学びました。それは、子どもがもめごとに困っているとき、教師がメディエーターというもめごとの仲裁役となって、安心して話せる場面を構造化し、おたがいの言い分を聴き合いながら、ともに納得できる解決策を検討するというものでした。この方法は、いまやもめごとを解決する画期的な方法として期待されています。

しかし、教師によるメディエーションを効果的に導入していくためには、子どもたちに「統合的葛藤解決スキル」を教えると、なお望ましいと考えられます。なぜなら、第一に、このスキルを知っている子どもは、メディエーターが不在のときにも、もめごとを統合的に解決できる可能性が高いからです。第二に、「統合的葛藤解決スキル」はもめごとを統合的に解決する方法として、メディエーションと同様の理論的基盤を持っているだけでなく、共通する知識やスキルを備えているため、メディエーションの導入を補完できるからです。

本章では、最初に、もめごとを統合的に葛藤するために必要だと考えられているスキルを振り返り、子どもたちに教えるべき知識やスキルを特定します。そして、挙げられた知識やスキルを解説し、子どもたちにそれらを教えるためのエクササイズを紹介していきます。ぜひ、読者のみなさまも、本章の内容を子どもたちに伝え、エクササイズを実践してみてください。

統合的葛藤解決スキルを構成する五つの要素

統合的葛藤解決スキルとは、「もめごとの当事者同士が、対話によって、おたがいに納得できる解決策を考え出していくためのスキル」でした。それでは、その構成要素は、なんでしょうか。

二者間におけるもめごと解決を当事者自身が行うときに必要な要素は、アクバリック（Akballk, 2001：ただし、セレン&ウストゥン（Seren & Ustun, 2008）より引用）や、益子（二〇一三a）が明らかにしています。アクバリック（二〇〇一）は、さまざまな国のもめごと解決に関する文献のレビューを行い、もめごとを解決するスキルを、以下の五要素にまとめました。第一に、「共感（empathy）」という、もめごとの相手を理解しようとするスキル、第二に、「傾聴（listening）」という、相手の話を聴こうとするスキル、第三に、「要求に基づいたアプローチ（requirement-based-approach）」という、状況に合わせた希望（a desire）を持つスキル、第四に、「社会的適応（social adaptation）」という、柔軟に考え、他者のためにもなろうとするスキル、第五に、「アンガー・マネジメント（anger management）」という、怒りの気持ちを効果的に管理するスキルです。アクバリック（二〇〇一）は、これら五つの要素をもめごと解決に必要な要素として挙げました。

また、益子（二〇一三a）は、アクバリック（二〇〇一）と同様、本邦における文献（井上、二〇〇五：八代・鈴木、二〇〇四）をレビューしつつも、単なるもめごと解決ではなく、「統合的」解決に至るために必要なスキルを、以下の四要素にまとめました。第一に、「統合的志向」という、統合的な解決方法があると信じ、そのような解決策を共創しようとするスキル、第二に、「対話への勧誘」という、もめごとの相手を話し合いに誘おうとするスキル、第三に、「受容・共感」という、相手の話を聴きながら、潜在的希望を引き出すスキル、第四に、「丁寧な自己主張」という、自分の潜在的希望を理解して、それを丁寧に相手に伝えるスキルです。益子（二〇一三a）は、これら四つの要素を統合的葛藤解決に必要な要素として挙げました。

アクバリック（二〇〇一）と益子（二〇一三a）を比較すると、重複している要素もありますが、それぞれに独自の要素もあります。たとえば、アクバリックは「共感」「傾聴」という言い方であり、益子は「受容・共感」という言い方ですが、ともに「相手の話を聴くスキル」という要素を挙げています。一方で、アクバリックのみが「アンガー・マネジメント」を挙げています。しかし、相手に腹を立てていたり、不安で胸がいっぱいだったりという状況では、相手の話を集中して聴くことは困難になりますから、「アンガー・マネジメント」は「話を聴く」ためにも重要なスキルだと考えられます。そのため、統合的葛藤解決においても役に立つでしょう。同様に、益子のみが「統合的志向」を挙げていますが、統合的なもめごと解決を目指すためには、そのような解決策があるということを知らないといけませんから、このスキルもまた、役に立つでしょう。

このように考えていくと、アクバリック（二〇〇一）と益子（二〇一三a）の挙げているスキルは、おたがいを補完的に学ぶことがもっともよいと考えられます。すなわち、統合的葛藤解決を行うためのスキルの構成要素とは、以下のようになるといえるでしょう。

- ●統合的解決があると信じ、解決策を共創しようとするスキル
- ●怒りや不安などの困った気持ちに振り回されないスキル
- ●もめごとの相手を話し合いに誘うスキル
- ●自分の潜在的希望を理解し、それを丁寧に伝えるスキル
- ●相手の話を傾聴し、潜在的希望を確認するスキル

このうち、「統合的解決があると信じ、解決策を共創しようとするスキル」は認知的な側面、

つまり「このように考えるとよい」というもの、それ以外は行動的な側面、つまりこう行動するとよいというものだと考えられています（益子、二〇一〇）。

以降の節では、これらそれぞれのスキルについて解説し、これらのスキルを子どもたちに習得させるためのプログラムで活用できるエクササイズの例を紹介していくことにします。

2 統合的解決があると信じ、解決策を共創しようとするスキル

統合的葛藤解決スキル、第一のスキルは、統合的解決があると信じ、解決策を共創しようとするスキルです。このスキルは、当事者間でもめごとを統合的に解決しようとするとき、もっとも大事なスキルの一つだと考えられます。なぜなら、このスキルは、当事者が二者間でもめごとを解決していこうと考えるときの入口になるからです。

本節では、一見対立しているように見える当事者の間にも、統合的な解決策が存在すると理解することを通して、それを考える姿勢を子どもたちに学んでもらうための方法を紹介します。

もめごと解決についてのイメージを変えるために

このスキルが重要なのは、子どものもめごと解決に対する考え方を変容させるからです。

残念ながら、世の中には、もめごとが起こると、どちらかが勝ち、どちらかが負けることになるという構図が、まだまだ強固に存在しています。これは、「相手の希望を満足させることは、自分の希望を諦めたり、欲求が満たされないことを我慢したりすることである」という考えや、「自分の要求を満たすためには、相手の要求を諦めさせなければならない」という考えです。これは、いわば「支配—服従」型のもめごと解決の構図です。

その一方で、「統合的解決」という考え方は、まだあまり浸透していません。「もめごとが生じても、おたがいに納得し、満足できる解決に至ることができる」という考えや、「相手の希望をかなえることは、自分の希望を満足させることにつながる」という考えは、あまり浸透していません。つまり、「統合」型のもめごと解決の構図は、相対的に少ないのです。

このような、「支配—服従」型のもめごと解決の構図が多く、「統合」型のもめごと解決の構図が少ないという状況の中で、子どもたちは日々、もめごと解決にあたっています。必然的に、子どもたちは、自分の要求を通すか、あるいは相手の要求に屈するかという、二者択一の解決を試みることが多くなります。すると、彼らが身につけている「支配—服従」型の認知は、自然に強化されてしまいます。これでは、「統合的解決」は目指せません。

また、「支配—服従」型のもめごとに慣れてしまっている人は、対話による解決のチャレンジを試みる前から、もめごと解決を諦めていることがあります。たとえば、「自分たちはどちらも頑固だから、話し合ってもおたがいに自己主張を続けるだけだろう。だから、解決することはできないし、解決のための試みは無駄である」と考える人は、このタイプです。

しかし、それは誤りかもしれません。なぜなら、その話し合いがうまくいかなかったのは、おたがいが頑固だったからではなく、「統合的解決」という考え方を知らなかったからかもしれないからです。前述の通り、「統合的解決」は、世の中にはまだあまり知られていない考え方です。「統合的解決」という新しい考え方を知ったうえで、再び相手との話し合いをしてみなければ、それが本当に不可能かどうかはわかりません。いわば、「統合的解決」は、まだ試されていない選択肢になりうるということです。

「統合的解決」という解決の道筋があり、やり方によってはそれを目指せることを知ると、「相手の希望を満足させることは、自分の希望を諦めたり、欲求が満たされないことを我慢したりすることである」という認知や、「自分の要求を満たすためには、相手の要求を諦めさせなければならない」という認知を変えることができます。それは、「たとえもめごとが生じても、おたがいに納得し、満足できる解決に至ることができる」という認知や、「相手の希望をかなえることは、自分の希望を満足させることにつながる」という認知に修正されるでしょう。また、「話し合っても満足できる解決に至れるはずがない」という認知も変えることができるでしょう。それは、「統合的解決を目指せば、いつかは統合的なもめごと解決ができるかもしれない」という認知に修正されるかもしれません。

このように、「統合的解決」という解決の仕方があると子どもに伝えることは、子どものもめごと解決についてのイメージを変容させます。解決を諦めた状態から、解決できるかもしれないと思える状態に変わりうるということです。そのため、このスキルは、子どもの統合的葛藤解決スキルを高めるための入口となるスキルなのです。

もめごと解決に対するモチベーションを高めるために

「統合的解決」というスタイルを知り、もめごと解決についての考え方が変わると、それに伴って、もめごと解決に対するモチベーションも高まると考えられます。なぜなら、このような考え方をすることによって、自分が我慢をする必要がないことはもちろん、相手にも我慢をさせなくてもよいということを理解できるからです。

人間は、何か物事を始める以前から、すでにその物事がうまくいきそうかどうかを予測しています。予測した時点で、うまくいくだろうという見込みがなければ、物事を始める気にはなりにくいでしょう。つまり、もめごと解決に取り組もうと思うかどうかは、うまくもめごとを解決できると予測できるかどうかに関連します。

もめごと解決において、「うまくいく」とは、まさに「統合的解決」だと考えられます。普通、もめごとを解決しようとするときに、優先したくなるのは、「自分の願いがかなうこと」かもしれません。しかし、それでは、多くの子どもにとっては不充分のようです。なぜなら、現代の多くの子どもにとって、相手を我慢させて自分の願いをかなえることは、罪悪感を生じさせたり、自己中心的と責められたりするかもしれない、リスクのある（つまり、必ずしもよい結果になるとは限らない）行為だと捉えられているからです。とくに、子どもの年齢が上昇するにつれて、そのように捉える傾向は強くなるように見受けられます。ときには、相手を困らせたくないという理由で、自分の欲求を抑圧していた方がマシだという子どもさえいます。そのため、もめごと解決における「うまくいく」とは、「自分の願いがかなうこと」だけではありません。「相手の願い」もかなわなければ、彼らは心地よくないのです。

「統合的解決」という解決策があるということは、このような子どもに安全と安心の感覚をもたらします。この方法によって、「相手に我慢させなくて済むかもしれない」と思えば、子どもはそれを試してみようという気持ちになりやすくなるでしょう。だから、モチベーションを高めるという意味でも、「統合的解決」という考え方があると知ることは、重要なのです。

◇子どものためのエクササイズ

本節では、子どもたちに「統合的葛藤解決スキル」を教えるための入口として、「統合的解決があると信じ、解決策を共創しようとするスキル」の意義を論じてきました。

それでは、子どもたちにこのスキルを教えていくためのエクササイズを紹介します。

問題3　あるところに，スマートフォンがほしいと訴える子どもと，その両親がいました。

子どもは，クラスの多くの友人もスマートフォンをもっているので，自分もぜひほしいと思っています。

しかし，両親は，スマートフォンが交友トラブルの原因になるかもしれないと心配なので，まだ持たせたくないと思っています。

◇子どものためのエクササイズ　【教材 3-2-1】・・・・・・・・・・・

以下に，もめごとが起こっている事例を，いくつか紹介します。

おたがいに納得できる解決策には，どのようなものがあるか，考えてみてください。

問題１　あるところに，１組の姉妹がいました。

姉と妹は，それぞれ，オレンジを１つほしいと言っています。

しかし，家にオレンジは１つしかありません。

２人とも，自分がほしいと言って譲りません。

問題２　あるクラスの日直は，２人１組で行われていました。

その日の当番は，２人とも，黒板を消すのが大好きでしたが，その日に限って，２つあるはずの黒板消しが，１つなくなっていました。

２人とも，自分がやると言って譲りません。

♧解説【教材3-2-1】

このエクササイズの目的は、一見利害が対立しているように見える場合でも、対話の仕方によっては、おたがいに納得できる解決策が考え出せることに気づいてもらうことです。

すでにメディエーションについて学んできた読者のみなさまは、統合的解決のためには相手の話に耳を傾け、おたがいの潜在的希望を確認することが必要だったことを、思い出していただけると思います。しかし、統合的解決や潜在的希望について知らない子どもに答えを求めると、多くの子どもが、回避か服従、または妥協の選択肢を挙げます（筆者の経験では、クラスの子どもの九割が、このいずれかの選択肢を挙げたこともありました）。この場合は、自分で最初に考えた解決策と、これから解説される解決策が、かなり異なったものになります。こうした経験は、記憶に残りやすくなるというメリットがある一方で、自分が正答できなかったことに困惑するというデメリットを生むこともあります。もしも子どもたちが困惑しているときには、「新しい考え方だから、解説を聴いてから、もう一度考えてみよう」などと、フォローするようにしてください。

問題1

もめごと解決の勉強をしていると頻繁に登場する、代表的な例題です。「二人で話をしてみた。すると、姉は手作りのケーキにのせるマーマレードを作りたかったということがわかった。一方、妹は喉が渇いていたので、オレンジジュースを作りたかったということがわかった。だから、姉は皮を、妹は実をもらった」というのが、よく挙げられる回答です。

問題2

問題1と同様、自分なりに潜在的理由を想像できるかどうかがポイントです。たとえば、この事例では、一人は黒板を消したあと、チョークの粉を落とす黒板消し掃除機を使いたいのかもしれません。もう一人は、黒板を綺麗にすると先生が褒めてくれることが好きなのかもしれません。もしもこのようなことがわかったのならば、黒板を消す仕事は、どちらがやってもよいことになります。黒板消し掃除機を使う仕事と、それ以外の褒められそうな仕事を分け合えばよいということになるでしょう。

問題3

子どもにとって、スマートフォンはそれを持っている友人たちの仲間の一員であるという、所属と愛の欲求を満たすツールなのかもしれません。一方、両親にとっては、使い方に不安があるのかもしれません。そうだとすれば、両親が安心できる使い方をするという約束をしておくことで、おたがいに気持ちよくスマートフォンを利用できるかもしれません。

以上のようなエクササイズを通して子どもたちに「統合的解決」の解説をすると、最初の姉妹のオレンジの事例では、「現実にはありえない」などという反応が、笑いながら返ってきます。しかし、黒板を消したい当番の事例や、親子のスマートフォンの事例を解説していくうちに、「なるほど！」といった表情になったり、「そんなことが可能なんだ！」という表情になったりする子どもが増えていきます。

驚きと興奮を伴いながら、考え方次第では「統合的解決」という選択肢を目指せるのだということを、伝えていくことができるでしょう。

3 怒りや不安などの困った気持ちに振り回されないスキル

統合的葛藤解決スキル、第二のスキルは、話し合いの途中で困ったとき、つまり、怒りや不安などを感じたときにも、その気持ちに振り回されず、落ち着くためのスキルです。もめごとの場面では、しばしば相手から自分とは異なる意見が表明されます。その意見は、一見、自分の意見とは正反対だったり、方向性がズレていたりするものであり、ときには、自分の希望の達成を妨げるように見えることもあります。聴いていると、まずいな、困ったな、と思わされるものです。

このような、「一見正反対だったり、ズレていたりするように見える」意見が相手から提示されているときであっても、相手と対話を深めることができるのならば、自分の希望を達成することは、ある程度可能になります。そのためには、落ち着いて話し合うことが必要です。なぜなら、困った気持ちに振り回されてしまったら（たとえば、怒ってしまったら）、話し合いは困難になりやすいからです。

本節では、そのような「腹立たしいなぁ」「心配だなぁ」という気持ちに振り回されないためのスキルを、子どもたちに学んでもらう方法をご紹介します。

困った気持ちに振り回されないために

もめごとの場面において、よく見られる困った気持ちは、二つあります。一つは「怒り」であり、もう一つは「不安」です。

アクバリック（Akbalik, 2001）が、もめごとを解決するためのスキルの一つに「アンガー・マネジメント」を挙げているように、もめごとの場面における「怒り」は、これまでにも注目されることの多いものでした。そもそも、とくに怒りっぽくない人でさえ、相手が自分の希望を満たしてくれない（くれなかった）とき、怒りが喚起されるのは不自然なことではありません。たとえば、誰かと待ち合わせをしているときに、その相手が連絡なく、三〇分も遅刻して来たならば、「時間通りに来て欲しかった」という希望が満たされずに、「いい加減にしてくれ!!」と腹立たしい気持ちになるのは、もっともなことです。

それに対して、もめごと場面における「不安」は、これまではあまり注目されてきませんでした。しかし、もめごと場面では、不安な気持ちになることもよくあることです。たとえば、相手が怒っているときには、「不安」を感じやすいでしょう。また、相手の押しが強くて、自分の希望がかなえられないかもしれないと思ったときにも、感じられるかもしれません。それが、どうしてもかなえたい希望であったならば、いっそう強く感じるかもしれません。このように考えれば、「不安」もまた、「怒り」と並んで、もめごとの場面でよく見られる困った気持ちだということができるでしょう。

このように、「怒り」も「不安」も、もめごとにはつきものです。もしもそれらがわき上がってこなければ、それはもめごとではないかもしれません。そのため、もめごとの場面において、このような気持ちになること自体は、まったく問題はありません。

しかし、「怒り」や「不安」が喚起されただけではなく、これらの気持ちに振り回されてしまうと、もめごとが激しくなるおそれがあります。たとえば、相手に三〇分も遅刻をされたとき、怒りの気持ちに振り回されて、相手がやって来るなり、「こんなに人を待たせるなんて、酷い奴だ!!」などと怒鳴ってしまったり、「連絡もしてこないなんて、常識ないなぁ」などと悪口を言ったりしてしまったならば、いくら正しい主張をしていたとしても、二人の関係性にはヒビが入りかねません。そのため、「怒り」や「不安」が喚起されることと、その気持ちのままに行動することは、分けて考える必要があります。「怒り」や「不安」の気持ちが喚起されるのは自然なことですが、これらの気持ちに振り回されてしまうのは問題だということです（なお、気持ちに振り回されてしまうことを、臨床心理学では「行動化」といいます）。

メディエーションの場合には、メディエーターが、気持ちを言葉にすることを促したり、言い換えたりすることで、行動化を抑止しやすくなっていました。しかし、統合的葛藤解決の場合には、もめごとの当事者同士が二人で対話することになります。そのため、メディエーションの場合以上に、気持ちに振り回されずに済む方法を学習しておく必要があるのです。

アンガー・マネジメント

それでは、どのような方法なら、子どもたちは、「怒り」や「不安」の気持ちに振り回されなくて済むようになるのでしょうか。

ここでは、「アンガー・マネジメント」といわれる方法の一部を紹介します。「アンガー」とは「怒り」、「マネジメント」とは「取り扱い」という意味ですから、「怒りの取り扱い」という意味になります。すなわち、自分の「怒り」の気持ちを適切に取り扱い、振り回されないようにするための方法が、「アンガー・マネジメント」です。

「アンガー・マネジメント」は「怒り」にしか言及していませんが、筆者は、「不安」の扱い方を学ぶためにも有効であると考えています。なぜなら、「不安」を感じたときの身体的反応は、交感神経系の興奮や、血圧の上昇、心拍数の増加など、「怒り」を感じたときの反応と似ているからです。そのため、「怒り」の気持ちを上手に取り扱えるようになる「アンガー・マネジメント」は、「不安」が生じたときにも、それを取り扱うために役立つと考えられます。

アンガー・マメジメントの具体的な手法としては、すでにさまざまな方法論が紹介されています（たとえば、安藤、二〇一五：本田、二〇〇二）。それらは他書に譲り、ここでは統合的葛藤解決を行うときにとくに有効と考えられる、「気持ちの温度計」と「カウントバック」のエクササイズを紹介します。

「気持ちの温度計」は、自分の「怒り」や「不安」の気持ちが何によって（何がトリガー〈引き金〉になって）どのくらい生じるかをあらかじめ明確にしておくことで、そのトリガーに対処しやすくなることを目的としているエクササイズです。また、「カウントバック」は、「怒り」や「不安」が生じた瞬間に、数を数え、「六秒」をやりすごすことで、関係性にダメージを与える行動化を抑制しやすくすることを目的としているエクササイズです。なぜ「六秒」なのかといえば、「怒り」のような衝動的な気持ちは、六秒以上は持続しないと考えられているからです（安藤、二〇一六）。つまり、その六秒を乗り越えられれば、衝動的な行動をとってしまう可能性は低下するということです。

なお、このほかに、近年ではストレス・マネジメント教育の一環としてしばしば取り上げられるようになった、「呼吸法」や「筋弛緩法」などの「リラクセーション」も、「怒り」や「不安」のような困った気持ちをうまく取り扱うためのスキルとして活用できるでしょう（参考文献として、藤原、二〇〇六など）。

練習するにつれて、振り回されなくなる

ただし、「アンガー・マネジメント」や「リラクセーション」のスキルを学んだとしても、子どもたちはすぐに「困った」気持ちに対処できるようになるわけではありません。頭ではわかっていても振り回されてしまう子どもは、たくさんいます（これは子どもに限ったことではないかもしれません）。

そのため、すぐにできなくても、次の機会に行動を改められるようにチャレンジすればよいことを、伝えられるとよいでしょう。「気持ちに完全に振り回されずにいることは、大人でも難しいことなんだ。諦めずに、またやってみよう」などと声をかけて、励ましてください。自転車に乗るのと同じように、練習すればするほど、上手になるはずです。

また、子どもに「アンガー・マネジメント」や「リラクセーション」を紹介するときは、「失敗してもよい、だんだんうまくなるから、またチャレンジしよう」ということを、あらかじめ伝えておくとよいでしょう。そうすれば、うまく気持ちに対処できず、振り回される子どもが出てしまっても、チャレンジと位置づけて称えることができるので、次回のチャレンジに誘いやすくなります。また、学級のような集団で取り組む場合は、それを伝えておくことで、不得意な子どものチャレンジへのハードルを下げることにもなると思います。

◇子どものためのエクササイズ

本節では、「困った気持ちに振り回されないスキル」の意義を論じ、そのための具体的な方法として「怒り」や「不安」を喚起するトリガーを知っておく方法と、衝動的な気持ちをやり過ごす方法を論じてきました。

それでは、子どもたちにこのスキルを教えていくためのエクササイズを紹介します。

状況４：授業で，クラスメイトと共同発表をすることになりました。その人は，あなたの意見に耳を貸さず，独自のやり方を押し通そうとしています。

弱い ◀――――――――▶ 強い

怒りの気持ち	1	2	3	4	5	6	7	8	9	10

弱い ◀――――――――▶ 強い

心配な気持ち	1	2	3	4	5	6	7	8	9	10

状況５：授業で，クラスメイトと共同発表をすることになりました。その人が，あなたに，こうした方がよい，こうしない方がよい，と細かく注文をつけてきます。

弱い ◀――――――――▶ 強い

怒りの気持ち	1	2	3	4	5	6	7	8	9	10

弱い ◀――――――――▶ 強い

心配な気持ち	1	2	3	4	5	6	7	8	9	10

状況６：あなたは，同級生のスピーチを聴いています。その人はまごまごと話をしており，何を言いたいのか，よくわかりません。

弱い ◀――――――――▶ 強い

怒りの気持ち	1	2	3	4	5	6	7	8	9	10

弱い ◀――――――――▶ 強い

心配な気持ち	1	2	3	4	5	6	7	8	9	10

◇子どものためのエクササイズ 【教材3-3-1】・・・・・・・・・・・・

以下に，みなさまが出会いやすい，さまざまなもめごとが述べられています。

みなさまだったら，次のような状況で，どのくらい怒ったり心配したりするか，考えてみてください。

合っている，間違っているということはありませんから，思ったままに回答してください。

状況1：クラスで二人三脚の競争をしたら，あなたと友達のペアが一番早くゴールしました。しかし，友達だけがほめられています。

弱い ←→ 強い

怒りの気持ち	1	2	3	4	5	6	7	8	9	10

弱い ←→ 強い

心配な気持ち	1	2	3	4	5	6	7	8	9	10

状況2：あなたが大切に使っている教科書を友達に貸したら，汚されてしまいました。その人は悪びれていない様子で「ごめーん☆」と言っています。

弱い ←→ 強い

怒りの気持ち	1	2	3	4	5	6	7	8	9	10

弱い ←→ 強い

心配な気持ち	1	2	3	4	5	6	7	8	9	10

状況3：休み時間，あなたがこれから好きな活動をしようと思っていたら，友達が，あまり興味を持てない遊びに誘ってきました。

弱い ←→ 強い

怒りの気持ち	1	2	3	4	5	6	7	8	9	10

弱い ←→ 強い

心配な気持ち	1	2	3	4	5	6	7	8	9	10

◇子どものためのエクササイズ　【教材 3-3-2】・・・・・・・・・・・

すべての状況について回答し終えたら，自分の回答を見直してみましょう。全体的に，低かったでしょうか？　それとも，高かったでしょうか？
とくに低い部分や，高い部分はあったでしょうか？

◇子どものためのエクササイズ　【教材 3-3-3】・・・・・・・・・・

気持ちの温度計に記された場面の中から，取り組んでみたい場面を選んでください。

その場面を思い浮かべたとき，どのような気持ちになりますか？　思わず何か言いかけたくなるでしょうか？　あるいは，かっとなりすぎて，言葉が出なくなるでしょうか？

では，そのまま，10 から順に，9, 8, ……と，心の中で数を数えてください。できるだけ，ゆっくりと，0 まで数を数えてください。

-
-
-

不安や怒りの度合いは，数を数える前と比べて，いかがでしょうか？

♧解説　【教材3-3-1、3-3-2】

これらのエクササイズの目的は、自分の「困った」気持ちが何によって（何がトリガーになって）どのくらい生じるのか、あらかじめ明らかにしておくことです。1～6の各状況は、それぞれに異なるトリガーを示していると考えられています。状況1は、自尊心に関わるトリガー、状況2は、公正性に関わるトリガー、状況3は、希望を満たすことに関わるトリガー、状況4は、自分のやり方を通すことに関わるトリガー、状況5は、自分のやり方に口を出されることに関わるトリガー、状況6は、自己主張したり、されたりすることに関わるトリガーです（安藤、二〇一五）。

実施してみると、子どもごとに、まったく異なるトリガーをもっていることがわかることと思います。たとえば、状況2で、大いに怒る子どももいるかと思えば、まったく気にならない子どももいます。これは、公正性に関わる「怒り」のトリガーの引かれやすさの違いです。また、個々の子どもの中にも、差異があります。自分の好きな活動ができないと、とても心配になってしまうのに（自分の希望がかなうことに関わるトリガーが引かれやすい）、教科書を汚され、真剣に謝ってもらえないことはあまり気にならない（公正性のトリガーが引かれにくい）、という子どももいます。

大切なのは、高くても低くても、子どもが自分の傾向を理解できるように働きかけることです。換言すれば、低ければよいというわけでも、高ければよいというわけでもないということです。

全体的に得点が低い子どもは、おおらかな、いろいろなことを許せる子どもです。しかし、逆に、全体的に得点が高い子どもは、自分の希望を守るために心を動かせる子どもかもしれません。しばしば、子どもたちは怒りや不安のような「よくない」とされる気持ちを抱くことに、ネガティブなイメージを抱いています（たとえば、怒りっぽいのはダメとか、メンタルが強くないのはダメとか）。しかし、前述のように、このような気持ちがわくこと自体は、自然なことです。怒りや不安の気持ちに振り回されることが問題であり、それらの気持ちを持つこと自体は、問題ではありません。そのことを勘違いしないようにと、伝えていただきたいと思います。

なお、ふだん子どもたちが出会いやすい怒りや不安を喚起する場面を、このエクササイズを使用する大人が知っていれば、各状況をそれに置き換えて使っていただくことができます。そうすると、より実態に即した理解ができるでしょう。また、時間がないときには、「怒りの気持ち」「不安な気持ち」のどちらかだけを使っていただくこともできます。

♧解説 【教材3-3-3】

このエクササイズの目的は、思わずカッとなったときや、不安でいてもたってもいられなくなったとき、気持ちが収まるまでの六秒を、ひとまずやり過ごすスキルを実体験してもらうことです。

この方法のメリットは、第一に、誰にでもできることです。というのは、一〇までの数を数えられる子どもならば、数える時間に個人差はありますが、簡単にできるからです。六秒をやり過ごすという観点からは、たとえ時間がかかったとしても、それは歓迎できることです。第二に、認知操作が加わっているため、「怒り」や「不安」の対象「以外」に意識を向けられることです。「カウントバック」では、ただ数を数えるのではなく、逆の順番に数えなければならないので、普通に数えるときより、数に注目する必要があります。すると、「怒り」や「不安」を喚起した対象から、注意が逸れやすくなります。そのため、六秒間をよりしのぎやすくなります。また、もしもこの課題が簡単すぎて、六秒よりも早く数え終わってしまう子どもがいたら、今度は「111から17を繰り返し引いていく」のような問題でも、同じような効果が得られると思われます。

もちろん、「怒り」や「不安」を喚起した原因はまだ存在しているので、この方法でそれらの気持ちがすっきりとなくなるわけではありません。気持ちをすっきりさせるためには、これ以降の対話の中で、おたがいに話を聴き合いながら、解決策を検討していくことが必要になります。そのような意味では、「カウントバック」の効果は限定的です。

しかし、限定的であっても、「怒り」や「不安」から一旦距離を置き、相手と話し合おうとする姿勢になれるのならば、その後、問題を解決できる可能性は高まるでしょう。

4 もめごとの相手を話し合いに誘うスキル

統合的葛藤解決スキル、第三のスキルは、もめごとの相手を、粘り強く、話し合いに誘うためのスキルです。このスキルは、メディエーション・スキルには含まれておらず、統合的葛藤解決スキルにのみ含まれている、独立したスキルの一つです。

このスキルが統合的葛藤解決スキルにのみ含まれているのは、対話を行うまでの過程が、統合的葛藤解決とメディエーションでは異なるからです。メディエーションでは、当事者が困っていることをメディエーターが知れば、メディエーターが「話し合いをしてみない？」と提案することができました。しかし、統合的葛藤解決では、自分がもめごとだと感じて困ったときには、自分で相手を話し合いに誘う必要があります。自分が話し合いたいと思っているということを、相手に伝える必要があります。そのため、統合的葛藤解決スキルには、相手を話し合いに誘うスキルが含まれています。

本節では、もめごとの相手に「話し合いたい」と伝えることが苦手な子どもたちのために、すぐに使える「決まり文句」を紹介します。そして、その使い方を練習していきます。

話し合いたいと切り出しやすくなるために

みなさまの身近にいる子どもたちは、話し合おうと切り出すことが得意でしょうか？　それとも苦手でしょうか？

もめごとが生じたとき、相手と話し合おうとする子どもの割合は、学年が上がるにつれて減少していくことが報告されています（鈴木ほか、二〇一六）。すなわち、小学生よりも中学生で、高校生よりも大学生で、その割合は高くなるということです。大学生にもなると、話し合いをするくらいならば、相手と関わらないようにするという人さえ、珍しくなくなってきます（井上、二〇〇五）。

また、筆者の感触としては、もめごとに際して話し合いをしようと切り出せる子どもと、切り出せない子どもは、非常に二極化しているように見受けられます。容易に切り出せるという子どもがいる一方で、まったく切り出しにくい子どもがいるということです。そして、近年では、後者の子どもの割合が高くなっているようにも思われます。このような子どもは、「話し合う」という行為そのものに馴染んでいないかのようです。そのため、話し合いたいと思ったとき、どのように声をかければよいのかと発想する「語彙」や「言葉」が、あまり身についていないのかもしれません。

そのため、話し合いに誘うスキルが必要になります。もしかしたら、自分が話し合いたいと思っていたとしても、相手は話し合うことをすでに諦めており、話し合いたくないと思っているかもしれません。統合的葛藤解決を行うためには、このようなときでさえ、穏やかに、粘り強く、相手と話し合いたいと伝え続ける必要があります。よって、このスキルは、話し合いたいと切り出すことが苦手な子どものためのスキルだといえるでしょう。

話し合いに誘うための「決まり文句」

筆者は、話し合いたいと誘いかけることの苦手な子どもにもわかりやすい方法の一つとして、「決まり文句」の活用を勧めています。たとえば、以下のような言葉を使うと、話しかけやすいようです。

「ちょっと相談したいんだけれど……」
「ひとつ、お願いがあるんだけれど……」

これらの決まり文句は、話しかけることが苦手な子どもだけでなく、比較的話し合える子どもが使っても有効だと考えられます。なぜなら、このような言葉を使うと、この後自分たちが行おうとすることが対決ではなく対話なのだということに、おたがいに意識が向きやすくなるからです。

また、「相談」や「お願い」という言葉は、誰でも一度は口に出したことのある、馴染みのある言葉だと思われます。馴染みのある言葉なので、誘う方も言いやすく、誘われる方も理解しやすいのではないでしょうか。

さらに、これらの言葉は、自分の希望を口に出しやすくなる言葉でもあります。なぜなら、「相談」や「お願い」という言葉が出てきた後には、その人が希望を相手に言うという流れを、おたがいに想像しやすいからです。そのため、これらの言葉を発した後は、自然と「自分の希望」を伝えやすくなります。

その上、「できなければ、断ってくれてもいいです」「別の提案があればしてください」という意図をもっていることを、あらかじめ相手に伝えられる言葉でもあります。「相談」や「お願い」ならば、内容を聞いた相手が、断ったり、別の提案をしたりしても、不自然ではないからです。そのため、誘われた相手としても、「お願いだというのならば、聴くだけは聴いても良い」という気持ちになりやすいというメリットがあります。また、現代の子どもたちは、自分が誰かに何かのお願いをしたときに、相手にそれをしてもらうことだけではなく、できない事情があったときに「断らせる」ことにも、負担をかけてしまうのではないか、という不安を持ちやすいようです。しかし、「相談」や「お願い」を持ちかけている状況ならば、相手が断ったり、別の提案をしたりすることも自然になります。したがって、「断らせたり」「断ったり」することで負担をかけてしまうのでは、という不安を低下させる効果もあると思われます。

このように、「相談」や「お願い」という言葉は、誘いかける本人と誘いかけられる相手、双方にとって、対話のきっかけを作りやすい言葉です。話し合いたいと伝えることが苦手な子どもにとっては、具体的なツールの一つとなるでしょう。

話し合いに応じられにくい態度

一方、どのような態度をとると、話し合いに応じられにくくなるのかも、見てみましょう。注意するべき態度の特徴は、以下のようなことだと考えられます。

●表情が硬く、険しい　　●口調が重々しい
●表現が大仰である　　●言いにくそうにしている……など

このような態度は、話し合いに誘おうとする側の潜在的希望が大きいとき、とくに表面化し

やすくなります。わたしたちは、自分の希望が大きければ大きいほど、話し合いをしようとするとき、相手に対して構えを作りがちです。つまり、話し合いたいと伝える側としては、それだけ真剣になるということです。この傾向は、相手を話し合いに誘うことが苦手である子どもほど、より顕著であるように思われます。

一方、誘われる側としては、このような態度で誘われると、何があったのかと動揺します。話し合いについてのモチベーションが低いときには、なおさらです。それは、誘われる側の気持ちに警戒心を喚起し、話し合う前から防衛的にしてしまいます。すると、まだ話し合いの内容に踏み込んでいないにもかかわらず、「あなたと話し合いたい」という提案自体に、「なんだか怖いから、心配だ」という気持ちを抱くかもしれません。

このように、必要以上の構えを作ってしまうことは、相手にとっても、自分にとっても、望ましいことではないようです。それよりも、前述した「決まり文句」を活用し、穏やかに、率直に、対話に誘えるようになる方が、おたがいにとって、ずっとよいように思われます。

◇子どものためのエクササイズ

本節では、誰かとの間でわだかまりが生じたとき、どのようにその相手に「話し合いたい」と伝えればよいのかについて、決まり文句を紹介しました。

それでは、子どもたちにこのスキルを教えていくためのエクササイズを紹介します。

◇子どものためのエクササイズ 【教材 3-4-1】・・・・・・・・・・・

以下の事例を読み，できるだけ，その場面をイメージしてみてください。そして，友達にどう声をかけるか，最初の一言を考えてみてください。

あなたは，サッカー部に入っています。

今日は，練習がある日です。

しかし，今日，あなたは，家庭の事情のため，早く帰らなければなりません。顧問の先生に，欠席すると伝えに行く必要がありますが，１人で言いに行くのは寂しいし，心細い感じがしました。

そこで，友達について来てくれるように，頼んでみることにしました。

♧解説【教材3-4-1】

このエクササイズの目的は、現実に起こりうる、誰かとちょっと話し合いたい場面をイメージさせ、それらの場面で自分が発する言葉を考えてもらうことです。実際に、言葉を発する機会を作ることができると、よりよいでしょう。

子どもたちには、前述の場面で、「ちょっと相談なんだけれど、……」と言っている場面を想像させてみてください。うまく言えそうな気がしてくるのではないでしょうか。

子どもの中には、紹介された「決まり文句」をすぐ忘れてしまう子どもがいます。また、忘れてはいなくても、慣れないうちは、自分で言葉を作れない子どももいます。「決まり文句」は、そのような子どものためのものです。「決まり文句」の書かれたプリントをすぐ確認できる場所においたり、メモを手元に持ったりして、確認しながら練習を進めていくとよいでしょう。

慣れてくると（ときには、最初から）、子どもたちからは、「決まり文句の表現がカタイ」「使いにくい」という声が上がるかもしれません。それは、子どもたち自身にぴったり合う「決まり文句」を作ってもらうためのよいチャンスです。「どこをどんなふうに変えたら、あなた（みんな）にとって、もっと言いやすくなるだろう?」と問いかけながら、より使いやすい表現に変えていってください。

5 自分の潜在的希望を理解し、それを丁寧に伝えるスキル

統合的葛藤解決スキル、第四のスキルは、自分の潜在的希望をもめごとの相手が理解しやすいように伝えるためのスキルです。一般的に、もめごとは「誤解」から生じると言われます。つまり、もめごとの当事者となった子どもの潜在的希望を、相手が理解していないということです。これを解決するための方法の一つは、自分の潜在的希望を理解して、相手にわかりやすく伝えるスキルを、子どもたちに教えることです。

子どもたちが自分の潜在的希望を相手にわかりやすく伝えられるようになるためには、彼らに、潜在的希望とは何かを理解してもらう必要があります。そのためには、読者のみなさまがメディエーターとして理解されたことを、子どもにも理解しやすいように、具体的に説明していただくのがよいでしょう。また、自分の潜在的希望を相手に伝えるためのスキルとしては、すでによく知られている「アサーション」のスキルが活用できると思われます。

本節では、まず、子どもに潜在的希望を説明する方法を提案します。そして、統合的葛藤解決を目指すために有効なアサーション・スキルを学ぶためのエクササイズを、二つ、紹介します。

潜在的希望を理解しやすくするために

潜在的希望を子どもたちに説明するときには、彼らが抱きやすい潜在的希望を具体的に紹介するのがよいでしょう。大人がメディエーターとしてのスキルを身につけるときには、当事者の潜在的希望の見当をつける方法として、「マズローの欲求階層説」を紹介しました。もめごとを当事者同士で解決しようとするときにも、これを知っておくと、統合的な解決策を考えやすくなります。しかし、この方法は抽象的なので、子どもには難しすぎる可能性があります。たとえば、「安心と安全の欲求」と説明された子どもは、言葉の上ではそういうものだと理解できるかもしれません。しかし、それを自分の体験に照らして納得することは、なかなか難しいでしょう。それより、次に示すように、具体的に説明する方が、彼ら自身の体験に照らして理解しやすいように思われます。たとえば、「自分がボールを使いたいと思ったときに、他の人が先に取っちゃったときには、使えるかどうかわからないという心配な気持ちになって、その気持ちをどうにかしたいと思うんじゃないかな？」（安全と安心の欲求）や、「何かをしようと思うときは、自分が苦手なことをするより、得意なことをする方が、自分の力を生かせるという感じになるんじゃないかな?」(自己実現の欲求)というように、です。

以下に、「マズローの欲求階層説」で取り上げられている希望を、より具体的に表現した内容を、リストとして挙げておきます。

●安心したい　●仲間に入りたい
●認められたい　●大事にされたい
●楽しみたい　●得意分野を活かしたい……など

子どもに潜在的希望について説明するときには、このように、まずは具体例から入るのがよいでしょう。その上で、後述するエクササイズを行うと、体験的に理解が深まると思われます。

アサーション・トレーニング

子どもたちが、もめごとが起こったときの潜在的希望をある程度理解できたならば、次は、相手が理解しやすいように、丁寧に(相手に脅威にならないように配慮しながら)伝える必要があります。それでは、どのような方法を教えれば、子どもたちは、自分の潜在的希望を他者にわかりやすく伝えられるようになるのでしょうか。その基本的な方法として活用できるものが、「アサーション・トレーニング」で扱われる「I《アイ》・メッセージ」と「DESC法」です。

「アサーション」とは、おおまかにいえば、「自他尊重の自己表現」「自分と他者の人権を侵すことなく、自己表現すること」（平木、二〇一五）だと言われます。そして、このような自己表現を身につけるために行われるのが「アサーション・トレーニング」です。これは、いまでは各地の教育相談センターなどで、教師を対象に、子どもにトレーニングを実施するための研修が行われています。そのため、教師にとっては、馴染みやすいものだと思います。また、その取り組みの成果なのか、小・中・高、いずれの校種にも、かなり浸透してきているようです。教材も非常に具体的なので、子どもたちにとってもわかりやすい方法であるといえるでしょう。

I・メッセージ

最初に紹介するのは「I・メッセージ」です。「I・メッセージ」とは、自分が相手に「してほしいこと」や「してほしくないこと」を「わたしは」を主語にして伝える方法です。人間は、誰かに「してほしいこと」や、「してほしくないこと」があるとき、つい「あなたは」を主語にして話してしまいがちです。しかし、このように言われた聞き手は、話し手の意図がどうであれ、責められていると感じやすく、防衛的になりやすいと言われています。一方、同じように希望を伝えようとするときでも、「わたしは」を主語にして話すと、相対的に、相手を構えさせなくて済むと考えられています。
読者のみなさまにも体験的に理解していただくために、以下の二つのセリフを言われた場面をイメージしてみてください。そして、それらの言葉を言われたら、次に、自分がどうしたくなるか、考えてみてください。

（You・メッセージ）
「どうして部屋を片づけないの⁉　早く片付けてよ‼」

（I・メッセージ）
「部屋が散らかっていて、歩きにくいんだ。片づけをお願いしたいなぁ」

二つの文章は、ともに、自分は部屋をキレイに片づけてほしいというメッセージを伝えるものです。しかし、印象はまったく違います。筆者が行った授業の中で、子どもたちに印象をたずねると、前者には、「押しつけがましい」や「怒られているようで腹立たしい」などの意見が挙がります。一方、後者には、「やってもいいと思える」や「まだ交渉の余地がありそう」などの意見が挙がります。このように、同じ内容を伝えている場合でも、「あなた」と「わたし」のどちらを使うのかによって、伝わる印象はまったく変わります。そのため、自分の潜在的希望を伝えようとするときには、「I・メッセージ」がオススメなのです。

DESC法

次に紹介するのは、「DESC法」です。〝DESC〟とは、丁寧な自己表現の手順を示す四つの英単語の頭文字を、順番に並べたものです。つまり、この方法は、アサーションを四つの手順から考えようとするものだということです。

四つの英単語とは、以下の言葉です。

D：Describe（描写する）
現在の状況を説明する。つまり、自分には、いま、何が起きていると思えるのかを語る。

E：Express（表現する）
Dで述べた状況に対して、自分の気持ちや思ったこと、感じたことを伝える。統合的解決を目指す場合には、潜在的希望を伝えられると、もっともよい。

S：Suggest（提案する）
D、Eを受けて、相手にしてほしいことを依頼したり、解決のためのアイディアを提案したりする。

C：Choose（解決策を選択する）

自分の依頼や提案に対する相手の反応を受けて、解決策を再検討する。

DESC法に則して、前節のエクササイズ（教材3‐4‐1）で取り扱った、「家の用事でサッカー部の練習を欠席することを顧問の先生に言いに行くので、同じ部活動の友達についてきてほしい」と考えている場面を検討してみましょう。【D】で行うことは、「現在の自分の状況の説明」でした。これは「家の事情で部活を欠席することを先生に言いに行くんだ」となるでしょう。

【E】で行うことは、「その状況に対する自分の気持ちや、思ったこと、感じたことの表現」でした。どのように感じるのかは個人によって異なるので、回答は千差万別ですが、この例のような場面でしばしばあるのは、「一人で行くのは不安だから」や「心細いから」となるでしょう。逆に、「いっしょに来てくれると、心強いんだ」と、ポジティブな言葉を思い浮かべる子どももいるかもしれません。

【S】で行うことは、「相手にどのようにしてほしいのかの依頼」でした。ここでは、「ついてきてほしい」ということが、伝えるべき事柄となります。そして、友達の回答を受けて、どのような解決策をとるのがよいのかと検討するのが、【C】です。

筆者が子どもたちに統合的葛藤解決スキルを育む授業を行った経験では、子どもたちは、D

ESC法のD、E、Sのステップを、前述した「話し合いに誘う決まり文句」と合わせて紹介されると、使いやすく感じるようでした。DESC法は、アサーションを実践するために、それ自体でも有効なスキルです。しかし、アサーションを学んだ子どもたちの中には、「どのように話をすればいいのかはわかった。しかし、話しかけたいと思ったときに、どのように切り出していいのかわからない」という子どももいるようです。つまり、このような子どもは、対話のきっかけを作るところで、まごまごしてしまうようなのです。そうすると、せっかくDESC法を習っても、日常生活で生かすことが難しくなってしまいます。そのようなとき、対話に誘う決まり文句が生きてきます。このような決まり文句と合わせてDESC法を使うことができれば、話の切り出し方がわからなくて戸惑ってしまう子どもも支援することができます。だから、合わせて使っていくことがオススメなのです。

最初に決まり文句を使うと、そのあとのD、E、Sも、自然に切り出すことができます。前述の例に照らして言えば、「決まり文句：ちょっと相談があるんだ」「D：部活を欠席することを先生に言いにいかなきゃいけないんだ」「E：一人だと心細いから」「S：いっしょについてきてくれない？」となるでしょう。突然、「D：あのー、部活を欠席することを先生に言いにいかなきゃいけないんだ」と始めるよりも、自然な言い方になっていることが、理解していただけるのではないでしょうか。

対話を通して理解を深める

本節の最後に、潜在的希望は話し合い「ながら」理解していくものであるため、対話を始める前に自分の潜在的希望を完全には理解できていなくても、とりあえず相手に話をしてみることが重要だということを、改めて述べておきたいと思います。

子どもによっては、自分の潜在的希望を理解することが大切というと、それがわからないうちは話し合いを始めてはいけない、と考えてしまう子どもがいます。しかし、それは誤りです。第Ⅱ章第5節でも述べましたが、自分の潜在的希望を、他者に伝える前から完璧にわかっておくことは、大人でも難しいことです。なぜなら、自分の潜在的希望は、「いま、このように感じたり、願ったりしている」ということを、他者に話して聴いてもらったり、伝え返してもらったりしていくうちに、徐々に明確になっていくものだからです。実際に、もめごとの統合的解決を目指す話し合いの場面では、話し合いを始める前と、話し終わった後で、潜在的希望が異なっていることがよくあります。たとえば、話し合いを始める前には「自分の力を試したい」（自己実現の欲求）だと思っていたことが、話をしているうちに、「自分には力があることを認めてほしい」（承認の欲求）に変わり、最後は「自分も仲間として認めてほしい」（所属と愛の欲求）に変わるようなことが、起こりうるということです。

だから、話し合いを始める以前から、自分の潜在的希望を完璧にわかっている必要はありません。「自分の潜在的希望は本当にこれなのだろうか？」と考え込む必要もありません。「いまのところ、自分は相手にこれをしてほしいと思う」ということが、ある程度わかっていれば、充分です。もしも本当の潜在的希望が「事前にこれだと考えていた希望」からズレていたとしても、話し合いを進めていくうちに、だんだん明確になってくるでしょう。

このように、「潜在的希望は変わる可能性があるし、変わってもよいということ」や、「最初から完璧にわかっている必要はない」ということも、合わせて子どもたちに伝えてください。彼らはより安心して話し合うことができるようになるでしょう。

◇子どものためのエクササイズ

本節では、自分の潜在的希望を理解し、それを相手に丁寧に伝えるための方法を、アサーション・トレーニングの技法であるI・メッセージやDESC法を援用して学んできました。

それでは、子どもたちにこれらのスキルを教えていくためのエクササイズを紹介します。

◇子どものためのエクササイズ　【教材 3-5-2】・・・・・・・・・・・

以下の模擬事例を読み，I・メッセージとDESC法を活用して，自分の希望をどのように伝えればよいのかを，以下の順番でセリフを記入してください。

休み時間，友達があなたに近づいてきて，「職員室についてきてほしい」と言いました。

しかし，あなたには，この時間中に宿題をやらなければいけないという事情があります。次の休み時間は行けるので，待ってほしいと思いました。

決まり文句   D   E   S

◇子どものためのエクササイズ 【教材 3-5-1】・・・・・・・・・・・

以下の模擬事例を読んで、あなたの気持ちがどのように変化するかを味わってみてください。

ある授業中のことです。
隣の席のVさんが，あなたに話しかけてきました。

You・メッセージ条件
「お前の教科書がはみ出していて，狭いだろ !!　どかせよ !! 」

I・メッセージ条件
「僕の教科書がおけなくて，困っているんだ。どかしてくれない？」

You・メッセージ条件   I・メッセージ条件

♧解説　【教材3－5－1】

このエクササイズの目的は、先ほど、みなさまに読んでいただいたのと同様に、I・メッセージの効果を実感してもらうことです。この効果を実感してもらうためには、実際に聴き手の立場になってもらうことが一番です。そのため、聴いたときの印象を考えてもらいました。You・メッセージ条件の方は、冷たく、キツイ印象だと感じる子どもが多くなるでしょう。逆に、I・メッセージ条件の方は、気が付かなくて悪かった、すぐにどかそうと思う、などの声が多く出てくると思います。

このエクササイズは、授業の中でも、五分もあれば行うことができます。子どもたちにも、自分の気持ちの変化を手がかりに、体験的に学んでもらいましょう。

♧解説　【教材3－5－2】

このエクササイズの目的は、前節で解説した決まり文句と、I・メッセージ、DESC法を合わせて使うことに慣れてもらうことです。また、内容としては、前節で取り扱った職員室に友達を誘う事例を、相手（友達）の側から見た状況になっています。

回答例は、以下の通りです。

決まり文句　それは少し相談させてほしいんだけど、

D　この時間のうちに宿題をやってしまわないといけなくて、
E　いま、とてもあせっているので、
S　次の時間まで待ってくれない？

ここでは、子どもたちがＤＥＳＣ法の活用に慣れていないことを想定し、エクササイズの構造度を上げ、ステップを明確化して、より課題のハードルを下げられるように工夫しています。しかし、子どもたちが慣れてきたら、枠を外して、自由に記述してもらってもよいでしょう。

また、読者のみなさまに例題として取り上げたい場面が他にあれば、そちらを取り上げていただくこともできます。しかし、練習なので、最初はなるべく簡単な例題から取り上げてください。なぜなら、簡単な課題の方が、子どもたちが取り組みやすく、もめごと解決にも自信を持てると考えられるからです。いきなり複雑なもめごと場面の解決に取り組ませて、「やっぱり自分にはもめごと解決は無理だ」と思われてしまうよりも、「自分も解決できるかもしれない」と思ってもらった方が、子どもたちは成長します。そのため、教材を変える場合には、簡単な課題から始めるということを、考慮に入れておいてください。

6　相手の話を傾聴し、潜在的希望を確認するスキル

統合的葛藤解決スキル、第五のスキルは、相手の話を聴きながら潜在的希望を引き出し、確認するスキルです。このスキルは、統合的葛藤解決において、前述の「自分の潜在的希望を理解し、それを丁寧に伝えるスキル」と両輪の関係にあります。なぜなら、当事者同士でもめごとを統合的に解決するためには、自分の希望を大切にするだけではなく、相手の希望にも注目し、尊重する必要があるからです。

本節では、まず、相手の話を傾聴することの効果について、簡単に振り返ります。そして、子どもたちが「相手の話を傾聴し、潜在的希望を確認するスキル」を身につけるためのエクササイズを紹介します。

おたがいの潜在的希望を理解するために

当事者同士でもめごとを解決しようとするときに、相手の話を傾聴することの有効性は、メディエーションの場合と同様です。メディエーションにおける傾聴の有効性は、第一に、当事者が怒ったり、不安に思ったりしているとき、その気持ちを鎮めやすくなるということ、第二に、メディエーターに話を聴いてもらった当事者は心に余裕が生まれるので、自分の潜在的希望を理解しやすくなるということ、第三に、当事者双方が相手の関心や希望を理解しやすくなることがありました。これは、統合的葛藤解決の場面にも、そのまま当てはまります。つまり、相手が怒ったり、不安に思ったりしているとき、その気持ちを鎮めやすくなります、また、話を聴いてもらった相手は心に余裕が生まれるので、自分の潜在的希望を自覚しやすくなります。さらに、おたがいに、相手の潜在的希望への理解を深められるということです。

それに加えて、統合的葛藤解決の場面では、第四に、相互に傾聴を繰り返すたびに理解の循環が生まれ、自分が話をしたときにも、理解してもらいやすくなるというメリットもあると考えられます。自分がもめごとの相手の話を傾聴すると、相手は、主張を受け止められているという実感を得られるため、気持ちに余裕ができてきます。すると、自分が主張をしたときに、自分の意見も受け入れられやすくなります。この循環が繰り返されれば、おたがいに、相手の潜在的希望が理解しやすくなっていくでしょう。

このように、統合的葛藤解決の場面における傾聴は、メディエーションの場合以上の効果があると考えられます。それゆえ、「自分の潜在的希望を丁寧に伝えるスキル」と並んで、重要なスキルだということができるでしょう。

相手の潜在的希望を想像する

メディエーターになるために「傾聴」のスキルを学んだように、子どもたちの統合的葛藤解決を応援するためにも、彼らに何らかの形で「傾聴」のスキルを身につけてもらう必要があります。すでにメディエーションの節では、子どものもめごと解決をサポートする方々のために、比較的、さまざまな場面で活用できる「傾聴」のエクササイズを紹介しました。しかし、抽象度が高いため、それを子どもたちにそのまま教えるのは難しいと思われます。やはり、彼らには、より具体的に、わかりやすく説明する必要があるでしょう。

子どもたちに「傾聴」のスキルを具体的に教えるために、最初に注目するべきなのは、相手の潜在的希望を想像することです。第Ⅲ章第5節「潜在的希望を理解しやすくするために」で紹介した、自分自身の潜在的希望について考えるための「潜在的希望のリスト」は、ここでも役に立ちます。子どもたちには、あのリストを参照させながら、本節のエクササイズに挙げているような模擬事例について考えてもらうと、相手の潜在的希望を推測するためのよい練習になるでしょう。

また、メディエーションにおいて潜在的希望を想像する場合と同様に、統合的葛藤解決においても、想像した内容が「正解」である必要はないことを、子どもたちに強調して伝えてください。大切なことは、「もめごとの相手の潜在的希望を理解しようとしている」姿勢を伝えることです。このような姿勢でいるならば、たとえ聴き手が相手の潜在的希望を理解し切れていなかったとしても、相手に修正してもらえるはずです。「理解しようとする姿勢」の重要性を、いま一度、確認しておきます。

確認のための「決まり文句」

もめごとの相手の潜在的希望を想像できたならば、次に、それを確認する必要があります。ここでも、決まり文句を活用することができます。

この決まり文句とは、以下のようなものです。

「あなたが○○したいというのは、××したいからということですか?」

「○○」の中には「顕在的希望」が、「××」の中には各自が想像した「潜在的希望」が入ります。

たとえば、もめごとの相手が「オレンジが欲しい」と言っていて、自分としては、その理由は「ビタミンCが欲しいからではないか」と想像したならば、「オレンジが欲しいというのは、ビタミンCを摂りたいということでしょうか？」と確認することができるでしょう。

この決まり文句は、顕在的希望から潜在的希望をある程度推測できていれば、内容を少し入れ替えるだけで、活用することができます。

詳しくたずねるための「決まり文句」

ところが、子どもの場合、「潜在的希望のリスト」を使っても、相手の潜在的希望を想像できない子どもがいます。これは、相手と自分の考え方が違いすぎるからかもしれませんし、考え方の違いを埋められるほど、相手の言葉が充分ではなかったからかもしれません。一方、エクササイズでは、想像するための時間をたくさん使えるので、想像できるけれども、実際にもめごとに遭遇すると、固まってしまい、想像できなくなるという子どももいます。

このようなときに備えて、「まったく想像できない場合」にも使える簡単な決まり文句があると、子どもたちは安心してもめごと解決に取り組めるでしょう。そのための決まり文句とは、自分が相手の言葉を充分には理解できなかったことだけではなく、自分がもっと理解をしたいので、相手の関心や希望を詳しく説明してほしいと思っていることが伝わる言葉であると、なおよいでしょう。
相手の関心や希望を詳しくたずねるための決まり文句としては、たとえば、以下のようなものがあります。

「あなたが○○したいという理由を、もう少し詳しく教えてください」

ここでも、「○○」には、「顕在的希望」が入ります。つまり、相手がしたいと、あるいはしたくないと、言っていることです。この言い方であれば、自分は相手の希望を理解できなかったけれど、理解を諦めたのではなく、もっと理解したいと思っていることを伝えられると思います。短いフレーズなので、子どもにとっても覚えやすいでしょう。

「なぜ、そうしたいの?」を「理由を詳しく教えて」に変える

逆に、やめるように伝えたいのが、「なぜ」「どうして」などの言い方です。相手に潜在的希望をたずねるということは、「相手に顕在的希望をもつことになった理由を話してもらう」ということです。その理解は、誤りではありません。しかし、それを理解した子どもたちの中には、「理由」を知ることに関心が向きすぎるためか、「なぜそのような希望を持ったのか」とい

う言い方をしてしまう子どもがいます。

このような言い方は、たずねる側がどのようなつもりなのかにかかわらず、Ｙｏｕ・メッセージと同様に、たずねられた側に「責められている」という感覚を喚起する可能性があります。たとえ、たずねる側が率直に理由を聞いているだけであり、相手を非難したり責めたりするつもりがなかったとしても、たずねられる側は、責められていると感じてしまうかもしれません。もめごとが起こっているときに、相手から責められたと感じた人は、相手を責め返したくなるか、それ以上責められることを避けようとして、話し合いを打ち切りたくなるか、どちらかです。どちらの転機を迎えるとしても、これではもめごとは解決されません。そのため、理由をたずねるならば、別の言い方に変えるように勧めた方が、もめごとを解決するためには有益となります。

子どもたちの様子を見ていると、彼らが「なぜ」「どうして」とたずねたくなるのは、相手の言っていることがまったく理解できない、想像できないというときのようです。これは、前項の「想像できないとき」に当てはまります。そうだとすれば、その気持ちをより直接的にたずねられるように、「理由を教えて」という言い方を勧めてみてはいかがでしょうか。

筆者が子どもたちに授業を行うときには、このような内容を説明したあと、実際に子どもたちに、「なんで」と言われた場合と、「理由を教えて」と言われた場合とで、感じ方が違うことを、具体例を挙げて体験してもらいます。すると、実際に多くの子どもたちが、後者の言い方をした方が理由を説明する気持ちになれると回答します。「なぜ」という言葉を使わなくても、「理由を教えて」という言い方をすると相手の理由をたずねることができることを、体験的に理解してもらうことができるでしょう。

◇子どものためのエクササイズ

本節では、相手の話を聴いて潜在的希望を想像し、それを確認するためのスキルを学んできました。

それでは、子どもたちにこれらのスキルを教えていくためのエクササイズを紹介します。

問題１　Ｗさんは，どのような理由で，イギリスについて調べたいと言ったのでしょうか？　想像して，いくつか書きだしてみましょう。

① ② ③

問題２　問題１で想像した中から，もっともＷさんの希望である可能性が高いと思うものを１つ選んで，その希望を確認する言葉を作ってみてください。

必要なら，前述した決まり文句を活用してみてください。

問題３　問題２のように問いかけたところ，Ｗさんは以下のように答えました。

「海外のお菓子が好きなんだ。

いかにも外国って感じのお菓子があるじゃない？　すごく甘かったり，日本のお菓子であまり嗅いだことのない匂いがしたり，不思議な色をしていたり。

ああいうのを調べたら，楽しく調べられるんじゃないかと思ったんだ。イギリスへのこだわりは，とくにないよ。

最初に浮かんだ国の名前が，イギリスだったというだけだよ」

あなたの希望とＷさんの希望をともに満たせる解決策を，実際に考えてみてください。

◇子どものためのエクササイズ　【教材 3-6-1】・・・・・・・・・・・

以下の模擬事例のような場面で，相手から①，②のように言われたとき，どのような気持ちになるかを考えてみてください。

あなたは，合唱祭の課題曲の中から，自分のクラスの曲を選ぶために，隣の座席のクラスメイトと意見交換をしています。あなたが「1番の課題曲がいいと思う」と言ったところ，その人は，こんなふうにたずねてきました。

①「なんで1番なの？」
②「1番がいいと思ったのは，どんな理由からなの？」

①のように言われた場合   ②のように言われた場合

◇子どものためのエクササイズ　【教材 3-6-2】・・・・・・・・・・・

以下の模擬事例を読んで，問題1～3に回答してください。

あなたのクラスでは，社会の時間に，2人組で外国の地方の暮らしについて調べて発表することになりました。あなたはWさん（あなたと同性の友人）といっしょに調べて発表します。調べられるテーマは1つです。

あなたはおばあさんがアメリカにいるので，アメリカについて調べたいと思っていました。しかし，Wさんは「イギリスについて調べたい」と言っています。

♧解説 【教材3-6-1】

このエクササイズの目的は「なぜ」という言い方をされた場合と、決まり文句として紹介したような「〇〇したい理由を教えて」という言い方をされた場合で、どのように印象が違うのかを、子どもたちに体験してもらうことです。

このエクササイズに取り組むと、子どもたちは、いくら相手の潜在的希望を理解するためとはいえ、「なぜ」のような聞き方をするのはあまりよくないということを、実感として理解できるようです。体験してもらったあと、子どもたちに意見をたずねると、①の言い方については、「まるで叱られているみたいだった」「1番の曲を選んだ自分が間違っていると言われているようだった」などのコメントが挙がります。それに対して②については、「ソフトな言い方に感じられた」「理由を話したら、きちんと聞いてくれそうだった」などのコメントが挙がります。子どもたちが体験を通して、「どんな理由から」という聞き方がよいことを学んだ様子がうかがえるでしょう。

このエクササイズは、五分もあれば実行できます。したがって、統合的葛藤解決スキルを教える授業だけでなく、日常的な場面にも組み込みやすいものです。ぜひ活用してください。

♧解説　【教材3-6-2】

問題1　このエクササイズの目的は、相手の「潜在的希望」を想像することに慣れることです。子どもたちの想像力次第では、いろいろな可能性が挙がると思います。たとえば、以下のような可能性が挙がるかもしれません。

●イギリスに友達がいるから、情報を得やすく、やりやすい
●将来、イギリスに住みたいので、この機会に調べてみたい
●イギリス・マニアなので、イギリスを調べることがもっとも楽しそうだ
●イギリス出身のバンドが大好きだ……など

いずれにしても、イギリスに関心を抱いていることが読み取れる内容であれば、不正解ということはありません。
まったく想像できないという子どもには、「自分がイギリスについて調べたいときがあるとしたら、どんなときだと思う?」などと、サポートをしてもよいでしょう。

問題2　このエクササイズの目的は、確認の言葉を紡ぐことに慣れることです。
回答例としては、以下のようなフレーズが挙げられると思います。

「イギリスがいいと思ったのは、どんな理由から？」

「イギリスだと、やりやすいの？」

「イギリスに、誰か知り合いがいるの？」

「知らない場所について調べてみたかった、ということかな？」……など

こちらも、取り上げた可能性ごとに、さまざまな言い回しが挙がることでしょう。実際のもめごと解決の場面では、当事者である子どもたち一人ひとりが、相手はこのような希望をもっているのだろうと想像した内容からたずねていくことになります。したがって、可能性の高低を、教える側が確認する必要はありません。それぞれの子どもが想像した潜在的希望を確認できるフレーズになっているかどうかという視点でご確認ください。

大切なのは、一度でも多く使ってもらって、こうしたフレーズに慣れてもらうことです。子どもが、何も見ないで言葉を紡ぐことが難しいようでしたら、決まり文句の書かれたテキストなどを見せながら、書いてもらってもよいでしょう。何度もフレーズを使ううち、だんだん慣れていき、見なくても言えるようになるはずです。

問題3　このエクササイズの目的は、おたがいの「潜在的希望」を踏まえ、それらをともに満たす解決策を検討してもらうことです。

ここまで学んできた子どもたちは、もめごとを統合的に解決するために必要な、すべてのスキルを学んだことになります。つまり、彼らは話し合いによって、おたがいの潜在的希望を確認し合うことができるようになっているということです。それができるようになったならば、あとはそれらをともに満たせるような解決策を考え出し、もっともよいアイディアを選ぶだけです。

自分とWさんの潜在的希望を確認しておきましょう。自分の潜在的希望は、読み取れる範囲では、「アメリカにいるおばあさんから役に立つ情報をもらうこと」（得意分野を生かしたい）でした。また、Wさんの潜在的希望は、「関心のある、外国のお菓子について調べること」（楽しみたい）でした。これらをともに満たすような解決策として、何が考えられるでしょうか。たとえば、「アメリカのお菓子のユニークさを訴えて、テーマを【アメリカのお菓子】にする。おばあさんから、日本では見かけないお菓子のエピソードを送ってもらう」などは、いかがでしょうか。これならば、自分の得意分野を生かしつつ、Wさんの関心にも沿うことができるのではないかと思います。

もちろん、この解決策は、他にも多数ありうる統合的な解決策の一つでしかありません。他にアイディアが浮かび、そちらの方が納得できるのならば、それを選べばよいでしょう。自分が納得できるのならば、今回はおばあさんに頼ることをやめてもいいのです。

しかし、もしも、Wさんと統合的葛藤解決をしようとしないで、「回避」し、ペアを解消していたら、どうなったでしょうか。Wさんと疎遠になっていたかもしれません。「服従」し、イギリスに決めていたら、どうなったでしょうか。あとで「別にイギリスではなくてもよかった」という話を聞いたときに、諦めなくてもよかったのに、とショックを受けたり、反感を覚えたりするかもしれません。そして、もめごとが激しくなってしまったかもしれません。あるいは、「妥協」し、アメリカとイギリスの中間地点にあるグリーンランド（デンマーク王国領）について調べていたら、どうなったでしょうか。いくら中間地点とはいっても、おたがいに関心が高いわけではありませんから、二人とも、あまり満足できる結果にはならなかったでしょう。

このように、統合的葛藤解決による対話は、もめごとが表面化したときに存在する解決策を超えて、双方が満足できる解決策に至る道を開きます。これからの未来を担う子どもたちには、ぜひ身につけてほしい方法だといえるでしょう。

7　心理教育プログラムの実践例

本章では、もめごとの当事者同士がおたがいに納得できる解決策を考え出すスキルとして、統合的葛藤解決スキルを解説し、それを子どもたちが学ぶためのエクササイズを紹介してきました。学校の授業や、ご家庭などで、これらのエクササイズを役立てていただくことができるでしょう。

しかし、とくに学校においては、これらの内容を授業で取り扱おうとするときには、カリキュラムの実態や子どもたちの実情に合うように、アレンジする必要があるでしょう。なぜなら、現在のカリキュラムにおいて、これらすべての内容を授業の中で取り扱うのは、たいへん難しいと思われるからです。もしかしたら、読者のみなさまの中には、「この内容をすべて扱わなければならないのはたいへんだなぁ」とか、「こんなに時間はとれないなぁ」とか、思われた方がいらっしゃるかもしれません。実際、統合的葛藤解決スキルを教育する授業を一通り実践しようとすれば、六時間（五〇分×六時間＝三〇〇分）程度はかかります。それだけの時間を捻出するのは、いまの学校ではたいへんなことです。実践する際に苦労が多かったり、無理をしたりすると、続けられません。無理のない範囲で続けるには、これまで述べてきた心理教育プログラムの内容を、それぞれの学校や学級でちょうどよく取り扱えるように、アレンジできるとよいでしょう。

たとえば、現在のカリキュラムで類似した内容を扱っているときには、それを省いていただくことができます。また、一時間目は「道徳」で、二時間目は「総合的学習の時間」でというように、授業の目的に合わせて再編集し、横断的に活用していただくこともできます。統合的葛藤解決スキルを教育する授業は、「もめごとの統合的解決を志向する」という目的に合わせて、従来の心理学で扱われてきた人間関係上のスキルをまとめ直したものでもあります。使いやすいように適宜修正してください。

本章の最後に、筆者が取り組んだ、ある中学校における統合的葛藤解決スキルを育む授業の実践例を紹介します。もともとの内容を現実的な制限に合わせて修正するときに、筆者が何を重視し、どのような点に留意したかを併記することで、みなさまが授業をアレンジするときのポイントを示したいと考えました。授業の内容だけではなく、アレンジの一つの例としてもご参照ください。

なお、匿名性保持のため、必要以上の情報は伏せています。

学校

ここで取り上げる学校は、筆者がスクールカウンセラーとして関わっていた中学校です。政令指定都市の郊外に存在し、創立五〇年を超える、伝統のある学校です。

一学年三学級編成で、全校生徒数は三〇〇名超でした。

筆者の研究の一環として、第二学年三学級の「学級活動」の授業を二時間（五〇分×二回）当てました。

内容面のアレンジ

授業に充てられる時間は、前述の通り、二時間（五〇分×二回）でした。そのため、統合的葛藤解決スキルの五つの構成要素をすべて扱うのは、無理だと判断しました。目的が拡散して、中途半端にスキルをかじることになるよりは、有効性の高いスキルをしっかり学んでもらおうと考えました。

構成要素の取捨選択を検討するにあたり、そのときに学校で行われていたスキル・トレーニングには、どのようなものがあるのかを、複数の先生方に確認して回りました。すると、「保健体育」の授業で、「リラクセーション」（呼吸法、弛緩法）を、筆者が授業を実施する一週間前に扱う予定であることがわかりました。「困った気持ちに振り回されないスキル」は、内容的にはリラクセーションと共通するので、筆者は細かい解説を省くことにしました。また、「マズローの欲求階層説」についても、今後、「保健体育」で扱うことがわかりましたので、潜在的希望についても、簡単に説明するのにとどめようと考えました。さらに、当該学年の生徒たちは、一年次に、「総合的学習の時間」で「アサーション」を学んでいたこともわかりました。「アサーション」は、内容的には「自分の潜在的希望を丁寧に伝えるスキル」と似ています。しかし、「リラクセーション」や「潜在的希望の理解」とは異なり、こちらは一年も前に取り組んだ内容だったため、生徒たちに記憶が残っているかどうか、わかりませんでした。そこで、こちらは簡略化しながらも、取り上げることにしました。

こうして、「統合的解決策があると信じ、解決策を共創しようとするスキル」、「もめごとの相手を話し合いに誘うスキル」、「相手の話を傾聴し、潜在的希望を確認するスキル」という三つの要素を大きく取り扱うことが決まりました。とくに、「統合的解決があると信じ、解決策を共創しようとするスキル」は、この授業でなければ扱えない、重要なスキルであると思われました。一方、原版に沿うならば、それでもまだ五〇分程度の内容を削減する必要があるため、さらに内容面でのアレンジが必要でした。そこで、発達段階を考慮し、最終的には理論的な説明を省くことにしました。理論的な説明によって、もめごとに対する知的に理解を深めてもらうよりも、体験面を重視して、使えるようになってもらう方がよいと判断しました。

この手続きをわかりやすくするために、原版と修正版の時間配分と内容を、それぞれ表Ⅲ―1、Ⅲ―2に示します。

表Ⅲ—1　子どもの統合的葛藤解決スキルを高めるプログラム（原版）

時間	内容	具体的な内容
第1回：50分		
30	統合的解決があると信じ， 解決策を共創しようとするスキル	もめごと場面1，2における自分の解決方略 もめごと5タイプの葛藤解決方略 自分の葛藤方略の確認 望ましい解決方略としての統合的解決 前提条件の確認
10	シェアリング	思ったこと，感じたこと，考えたこと，疑問点
10	質疑応答	疑問点，難しいと思った点について講師が解説
第2回：50分		
5	前回の振り返り	
25	困った気持ちに振り回されないスキル	困った気持ちの内容　アンガー・マネジメント
10	シェアリング	思ったこと，感じたこと，考えたこと，疑問点
10	質疑応答	疑問点，難しいと思った点について講師が解説
第3回：50分		
10	前回の振り返り	
20	もめごとの相手を話し合いに誘う スキル	決まり文句 話し合いに応じられやすい態度，応じられにくい 態度
10	シェアリング	思ったこと，感じたこと，考えたこと，疑問点
10	質疑応答	疑問点，難しいと思った点について講師が解説
第4回：50分		
5	前回の振り返り	
25	自分の潜在的希望を理解し， それを丁寧に伝えるスキル	潜在的希望の具体例の紹介 アサーション・トレーニング
10	シェアリング	思ったこと，感じたこと，考えたこと，疑問点
10	質疑応答	疑問点，難しいと思った点について講師が解説
第5回：50分		
5	前回の振り返り	
25	相手の話を傾聴し，潜在的希望を 確認するスキル	相手の潜在的希望の推測，決まり文句
10	シェアリング	思ったこと，感じたこと，考えたこと，疑問点
10	質疑応答	疑問点，難しいと思った点について講師が解説
第6回：50分		
5	前回の振り返り	
25	ロールプレイ	もめごと場面1，もめごと場面2 具体例の紹介と，ポイントの解説
10	シェアリング	思ったこと，感じたこと，考えたこと，疑問点
10	質疑応答	疑問点，難しいと思った点について講師が解説

表Ⅲ-2　子どもの統合的葛藤解決スキルを高めるプログラム（修正版）

時間	内容	具体的な内容
第1回：50分		
10	統合的解決があると信じ， 解決策を共創しようとするスキル	もめごと場面1，2における自分の解決方略 もめごと5タイプの葛藤解決方略 自分の葛藤方略の確認 望ましい解決方略としての統合的解決 前提条件の確認
5	もめごとの相手を話し合いに誘う スキル	決まり文句の紹介
15	自分の潜在的希望を理解し， それを丁寧に伝えるスキル	アサーション・トレーニング
10	シェアリング	思ったこと，感じたこと，考えたこと，疑問点
10	質疑応答	疑問点，難しいと思った点について講師が解説
第2回：50分		
5	前回の振り返り	
10	相手の話を傾聴し，潜在的希望を 確認するスキル	潜在的希望の具体例の紹介 相手の潜在的希望の推測，決まり文句
15	ロールプレイ	もめごと場面1，もめごと場面2 具体例の紹介と，ポイントの解説
10	シェアリング	思ったこと，感じたこと，考えたこと，疑問点
10	質疑応答	疑問点，難しいと思った点について講師が解説

結果

こうして行われた授業の効果は、たとえば益子・本田（二〇一七）に示されています。それによれば、子どもたちのもめごと解決力は向上し、二週間後もその変化は持続していました。また、二週間後の友人関係満足度や抑うつ・不安も、適応的な方向に変化しました。さらに、授業後には、「（もめごとは）悪いことだけではなく、相手ともっと仲よくなれるチャンスであるということに気付いた」や、「自分の思いを相手にぶつけるだけが自分にとってのもめごとの解決法だったが、今回の授業を通して考えが変わった」などの意見が、二週間後には、「友達とケンカしたときに、自分の気持ちを伝えることができ、自分も相手もすっきりすることができた。その後も仲よくできている」や、「決まり文句はとても役に立ち、自分の考えや統合的な解決をとれることも多くなった」という意見が聞かれました。

また、実施のさらに半年後、生徒たちが学校祭でのクラスの催しを決める場面を見学する機会に恵まれました。生徒たちはおたがいの意見を聴き、確認し合いながら、自分の意見も丁寧に伝え合っていました。つまり、怖気づくことなく、「もめる」ことができていました。さらに、それ以降に行われていた対人関係の授業においても、生徒たちはこのプログラムで学習したことを発展させて、自分の意見を発表している様子が確認できました。

Ⅳ

子どものものめごとを巡るQ＆A

こんなとき、どうする？

本書では、ここまで、もめごと解決に関する理論から、統合的解決と呼ばれる方法がもっともよいことを確認しました。そして、子どもたちのもめごとの統合的解決を目指す援助方法として、メディエーションを学び、子どもたち自身のもめごと解決力を高める方法として、統合的葛藤解決スキルを高める心理教育プログラムを学びました。

本書の最後となる第Ⅳ章では、メディエーションや統合的葛藤解決スキルを高める心理教育プログラムを活用するにあたり、しばしばよく挙げられる質問と、回答についてまとめました。本書の内容を活用する際に参考にしていただければ、嬉しく思います。

もめごと一般について

Q 子どもたちに統合的解決を勧めても対決をやめません。どうすれば、統合的解決に向けて気持ちを切り替えさせられるでしょうか?

A 対決の結果は、痛み分けです。「相手をいやな気持ちにさせたり、自分がいやな気持ちになったり、あるいは、どちらがいいか悪いかをおとなに判断されたりするのと、おたがいに気持ちよくもめごとを解決して、もっと仲よくなるのと、どちらがいい?」などと質問して、子どもが統合的解決を選びやすくなるようにしましょう。

メディエーションの導入や、そのルールに従うかどうかは、新しい選択肢の追加であり、それをしたくないという児童生徒に、無理に勧めるべきものではありません。そのため、子どもたちが話し合いたくないという場合には、その意思を尊重するべきです。

しかし、統合的解決を勧めても対決をやめない子どもたちは、対話を通したもめごと解決のメリットや、対決のデメリットを、充分には理解していない可能性があります。それらの情報は、統合的解決のためのチャレンジを行うかどうかを決定する判断材料として必要なものです。そのため、それを説明する必要があるかもしれません。

対決というもめごと解決の方法の結果は、基本的には痛み分けです。たとえ対決の勝者になれたとしても、対決の過程でさまざまなものを失います。たとえば、エネルギーを消耗したり、心理的に疲れたりします。また、相手から不満に思われたり、恨まれたりもするかもしれません。また、周囲の友達からは、我の強い人だと敬遠されるかもしれません。さらに、もしも相手を暴力的な方法で負かしたのならば、教師や保護者に怒られるかもしれません。そして、多かれ少なかれ、罪悪感を覚えるかもしれません（自覚的かどうかにかかわらず）。このように、「対決」の結果は、たとえ勝っても、少なからず後味の悪いものになります。

逆に、対話によるもめごと解決では、これらのデメリットはほとんどなく、関心や希望がかなえられる可能性が高くなります。自分の事情や関心、希望を話しても、ルールがありますから、付け込まれることもありません。安心感をもって、話し合いをすることができます。

このことを端的に伝えるのが、回答に示したような言葉です。対決を選んでもよい結果になりにくく、話し合うことを選んだ方がよい結果になりやすいことをわかりやすく説明し、子どもたちの対話への関心を高めていきましょう。そして、それでも、子どもたちが対決をやめなければ、その言葉の通り、大人が善悪を判断してよいと思います。つまり、従来型の指導です。このような言葉や関わりを繰り返していくうちに、子どもたちは、次第に統合的解決を目指す方がよいことに気づいていくと思われます。

Q 当事者の潜在的希望を明らかにしたところ、どうしても食い違ってしまう内容だったら、どうするのがよいのでしょうか。たとえば、お昼ごはんを食べてから遊びに行くと約束していた友達同士が、おたがいに、どうしてもラーメンを食べたい、どうしてもハンバーガーを食べたいと言っており、その理由が、二人とも、「朝食に食べたので、同じものを食べたくない」という理由だった場合には、どうするのしょうか？

A いっしょにお昼ごはんを食べることと、いっしょに遊ぶことのうち、どちらを目的とするのかによって、重視するべき潜在的希望は変わります。より重視したい潜在的希望を重視するようにしましょう。

この場合には、重視するべき潜在的希望は何なのかを判断する必要があります。つまり、「友達とお昼ごはんを食べること」なのか、「友達と遊ぶこと」なのかということです。

もしも「友達とお昼ごはんを食べること」を重視するならば、「朝と同じものでなければよい」ということになりますから、「ラーメンとハンバーガー以外ならば何を食べてもいい」はずです。まったく別のものを食べに行ってもいいでしょうし、各自が食べたいものを食べられるように、ファミリーレストランのような場所に行ってもよいでしょう。

また、もしも「友達と遊ぶこと」を重視するならば、「お昼ごはんはいっしょに食べなくてもいい」ということになりますから、各自、好きなものを食べに行き、一時間後に再集合するということもできるかもしれません。

潜在的希望を検討するときに大切なのは、複数の希望から、重視するべきものを判断することです。そのためには、潜在的希望を知りたいと思う相手に、「もっとも譲れないことは何ですか？」とたずねてみるとよいでしょう。この質問は自分の潜在的希望を明らかにするためにも使うことができます。

Q メディエーションや統合的葛藤解決には、欠点はないのでしょうか？

A あります。ほかのもめごと解決のスタイルをとるときと比較して、時間とエネルギーがかかることです。だから、メディエーションや統合的葛藤解決は、常にベストな解決方法ではありません。しかし、必要性に応じて、有効な方法です。

メディエーションや統合的葛藤解決の欠点は、それ以外のもめごと解決のスタイル、たとえば「支配／服従」や「妥協」、「先延ばし」などと比べて、時間とエネルギーがかかることです。これは、統合的解決を目指すために「対話」を行う必要があるからです。統合的解決を目指す「対話」では、当事者がおたがいに話を聴き合い、解決策をともに考え出すという過程を辿ります。一つひとつの手順を踏んでいくのに一定の時間を必要とするため、もめごと解決の全体にかかる時間も長くなる傾向にあります。また、もめごとの渦中にありながら、そのような手順を一つひとつ踏んでいくことになるので、それをこなすためのエネルギーも必要になります。一方、「支配／服従」や「妥協」、「先延ばし」などでは、「対話」を必要としないので、一度のもめごと解決にかける時間はそれほど長くなりません。

だから、これらは、「いつでもベストな」解決方法というわけではありません。緊急性が高いときや、当事者が急いでいるときなどには、メディエーションや統合的葛藤解決は向きません。しかし、時間をかけてでも、じっくりもめごとに向き合いたいというときや、火種を消したいというときには、適していると言えるでしょう。

現実的な時間的猶予や、当事者とメディエーターのエネルギー、彼らの希望などを総合的に考慮して、統合的解決を目指す「対話」をするかどうかを決定してください。

メディエーションについて

Q メディエーションでは、どちらの当事者の話を先に聴くのがよいのでしょうか？

A 話したい気持ちの大きい当事者から話を聴く方法と、先にメディエーションを希望した当事者から話を聴く方法、当事者に決めてもらう方法があります。いずれにしても、メディエーターは、公正・中立な立場を担保できるように努めてください。

メディエーターとして、もめごとの当事者のどちらの話を先にたずねるのがよいのかは、悩ましい問題の一つです。これには、話したい気持ちの大きい当事者から話を聴く方法と、先にメディエーションを希望した当事者から聴く方法、そして、当事者たちに決めてもらう方法という、三つの方法があるようです。

メディエーターは、いずれの方法を選択してもかまいませんが、公正・中立な立場を担保できるように留意する必要があります。たとえば、学校において、教師がメディエーターを担うとき。当事者の一人が、たまたま自分が顧問をしている部活の生徒だとしたら、メディエーターを担う教師は、公正性・中立性を保つため、先に話す生徒を決める際に工夫をする必要があるでしょう。話したい気持ちの大きさによって選ぶのならば、「話したい気持ちが大きいように見えたから」と恣意的な判断をするかわりに、「当事者は二人とも目を閉じて、両手の手のひらを合わせてください。そして、先に話したい気持ちのぶんだけ、手を開いてください。手の開きが大きかった人から、話してもらいます」ということができるかもしれません。この方法ならば、当事者はおたがいに同じ条件で選ばれることになるので、メディエーターの公正性・中立性は保たれるでしょう。あるいは、そのような工夫ができないときには、「自分が習ったメディエーションのルールでは」などと位置づけて、先にメディエーションを希望した当事者から話を聴くことにしてしまうこともできるでしょう。

このように、先に話す当事者を選ぶときは、メディエーターは三つの方法の中からどの選び方をしてもよいでしょう。しかし、どのような方法を選ぶにしても、公正・中立な方法をとっているということを、当事者に伝えておく必要があると思われます。

Q 「メディエーション」では、もめごとの当事者の二人は、かならず同席していなければならないのでしょうか?

A 必ずしも、同席でなければいけないわけではありません。別席でも実施することができます。しかし、別席には別席なりの難しさがあることも、心得ておいてください。

従来、メディエーションでは、もめごとの当事者が顔を合わせて行うことが前提とされてきました。なぜなら、同席で話した方が、相手の関心や希望、それに関連する気持ちなどを、直接、しかも身振りなどの視覚情報も含めて聞くことができるので、相手への理解が深まり、もめごと解決を促進すると考えられてきたからです。

しかし、だからといって、当事者が同席で話し合わなければ、統合的解決を目指すことができないというわけではありません。当事者たちは、しばしば、興奮状態にあったり、おたがいに嫌い合っていて、相手の顔も見たくないといっていたりします。そのようなときには、無理に同席させず、別々に話を聴くという選択肢もありえます。これを「シャトル・メディエーション(Shuttle Mediation)」といいます。

「シャトル・メディエーション」では、メディエーターは、別々の部屋にいる当事者間を行き来し、相手がどのような関心や希望を持っており、どのような気持ちでいるのかを伝え合います。それはまるで、気持ちを運ぶ「シャトルバス」のようです。このやり方は、たとえば、おたがいにもめごとを統合的に解決したいと思いながらも、暴力の問題に悩んでいる当事者に有用であると考えられています（Trinity Chambers, 2015）。これを、子どもたちのもめごとに照らして言うならば、たとえば、いじめの加害者 - 被害者が対話するような場面があてはまるでしょうか。

「シャトル・メディエーション」は、当事者が相手の影響を比較的受けないため、メディエーターがメディエーションの流れをコントロールしやすくなるという利点があると考えられています（和田ほか、二〇一五）。一方、相手に対する直接的な聴覚情報や視覚情報が失われるだけでなく、相手の情報がメディエーターというフィルターを通して伝わるので、当事者がおたがいに理解を深められるかどうかに関しては、同席で行うメディエーションより難しいともいわれています（和田ほか、二〇一五）。さらに、同席で行う場合より、時間もかかるということです（Trinity Chambers, 2015）。

どうすれば、別席でのメディエーションをも実り多いものにできるのかを明らかにすることは、今後の課題といえるかもしれません。

統合的葛藤解決について

Q 「子どものためのエクササイズ」は、文章で回答する課題が中心です。子どもたちは書けるものなのでしょうか？

A 机間巡視の時間などに短いやりとりをするなど、適宜、サポートしてください。また、どうしても書けないときには、ほかの人の回答を聴いて、いいと思った言葉を、自分の心の引き出しにしまうように、勧めてください。

ご指摘の通り、「子どものためのエクササイズ」は、文章で回答をする問題が中心になっています。このような問題だと、文章を書くこと自体が苦手であるという子どもはもちろん、自分の気持ちをうまく言葉にできない子どもも、苦戦することになるでしょう。このような子どもには、どのように接すればいいのでしょうか。

一つは、文章ではなく、やりとりを通して考えてもらうという方法があります。子どもの中には、文章で書こうとすると何を書いていいかわからなくなるけれど、質問に答えようとすると、答えやすいという子どもがいます。このような子どもには、短い時間でもよいので、「子どものためのエクササイズ」を言葉で問いかけ、やりとりをしていただくと、よいサポートになるかもしれません。また、ヒントを与えてもよいでしょう。机間巡視の時間を使うなどして、適宜、サポートをしてください。

もう一つは、回答例を、心の引き出しにしまってもらうという方法もあります。子どもの中には、前述のようなサポートがあったとしても、どうしても何も思い浮かばず、書けないという子どももいます。このような子どもは、普段から、思ったことや感じたことを言葉にしにくい傾向があります。そこで、このような子どもがいることをあらかじめわかっているならば、エクササイズを提示する前に、以下のように説明しておくとよいでしょう。「いまから行う課題は難しいですが、勉強の課題ではないので、自分一人でできなくてもいいです。そのかわり、できなかった人は、後で回答例を挙げるので、それを心の引き出しにしまってください」。このように指示しておくことによって、子どもたちはできないことに引け目を感じたり、苦手意識を覚えたりしなくて済むようになると思います。

Q エクササイズに取り組みたくないという子どもに対しては、どのように対応すればいいのでしょうか?

A 「気が進まなければ別の役割を頼むので、申し出てほしい」と、あらかじめ伝えておきましょう。また、取り組みたくない子どもにも、できる範囲で何らかの役割を務めてもらいましょう。

構成的グループ・エンカウンターやソーシャルスキル・トレーニングのような、心理教育プログラムと同様に、統合的葛藤解決スキルを育む心理教育プログラムも、子どもの参加を強制するべきではありません。とくに、このプログラムは「もめごと」という、ある意味でデリケートなテーマを扱っています。子どもによっては、いまはもめごとについて考えたくないという時期があるかもしれません。そのため、取り組みたくないという子どもの意志を尊重する必要性は、高いように思われます。

一方、「取り組みたくない人は取り組まなくてもよい」と言っても、子どもによっては、みんなと同じようにできないことに引け目を感じることがあります。しかし、それによって子どもが「取り組みたくない」と言いにくくなってしまうのならば、やはり子どもに無理をさせることになってしまいます。そのため、彼らが引け目を感じなくて済むような言い方や、プログラムの構造を工夫しておく必要があるでしょう。

子どもたちがプログラムに取り組みたくないと思ったときに、引け目を感じなくて済む工夫の一つは、エクササイズ単位で取り組めるかどうかを判断してもらうということです。エクササイズによっては、取り組んでもよいというものがあるかもしれません。また、もう一つは、取り組みたくないと思った子どもにできる範囲で、別の役割（たとえば、実施者の助手、観察者、タイムキーパーなど）を与えるということです。そうすれば、彼らは役割を担い、クラスメイトを見学しつつ、間接的にプログラムに参加することができます。彼らが感じる引け目も、軽減されるでしょう。
以上のような配慮を行うために、プログラムの実施者は、実施をする前に、以下のように伝えておくことができるかもしれません。「これから、もめごとについて考えるためのいろいろな取り組みをします。でも、いまはもめごとについて考えたくないというときが、人によっては、あるかもしれません。それは、おかしなことではありません。もしも、気が進まない人がいたら、こっそりでもいいので、教えてください。その人には助手になってもらいます。」
このように伝えておくことで、安全にプログラムを実施することができるようになると思います。

その他の質問について

Q メディエーションや統合的葛藤解決スキルについて、もっと学びたいと思っています。どこで学ぶことができるでしょうか？

A 学会や研究会で学習することができます。

メディエーションや統合的葛藤解決スキルについて学べる場所は、残念ながら、まだそれほど多くはありません。しかし、学習の機会は、徐々に広まっています。以下に、それらを学べる学会や研究会の情報を掲載しておきます。

●一般社団法人ピア・メディエーション学会

二〇一六年に発足したばかりの新しい学会です。設立趣意書によれば、「児童・生徒・学生のコミュニケーション力を育成し、対話によってトラブルを解決する方法を学習することに主眼をおいている」ということですが、対人間のもめごとをどのように解決するかについて子どものモデルになりうる教師や保護者の育成も目指しています。事業の柱として「ピア・メディエーター資格」の認定を行うとされており、今後は研修会も豊富に行われるようです。ピアメディエーションに関心があり、前述の趣旨に賛同される方は、どなたでも入会できるということです。

詳しくはホームページ（https://www.peermediation.info/）を確認してみてください。

●ADRカウンセリング研究会

筆者が、明治大学、諸富祥彦教授と共同主催している研究会です。年に一、二度、都内で開催しています。活動内容は、子どもたちに関わるもめごとの解決に向けた意見交換や事例検討で、主な参加者は、法律、教育、心理学の専門家です。直近三年間では、以下のようなテーマを取り扱いました。

二〇一五年：メディエーター養成の展望に関するシンポジウムの報告会
二〇一六年：児童虐待と法学、医学、福祉、教育の連携に関するシンポジウムの報告会
二〇一七年：法教育の可能性と、人間関係の分断を回復するもめごとの可能性に関する意見交換

ご参加希望の方は、事務局（mashiko.hirohito@s.hokkyodai.ac.jp）までご連絡ください。研究会の日程が決まりましたら、ご連絡をさせていただきます。

●NPO法人　フレンズネット北海道

筆者が理事を務めているNPO法人です。学校におけるメディエーションの普及と、いじめの予防のための取り組みを行っています。月に一度、札幌市内で、主に、メディエーターとしてのスキルを高めることを目的とした勉強会を行っています。

ご参加希望の方は、筆者のアドレス（mashiko.hirohito@s.hokkyodai.ac.jp）までご連絡ください。詳しい案内をお送りさせていただきます。

Q メディエーションや統合的葛藤解決は、二者間の問題にのみ対応しているということなのでしょうか？　集団の中で発生したもめごとを取り扱いたい場合には、どのような方法があるのでしょうか？

A メディエーションや統合的葛藤解決は、二者間のもめごと解決に対応しています。そのため、集団におけるもめごとを解決する方法としては不充分です。このような問題に対しては、たとえば、ホ・オポノポノや、ワールドワークのような視点を活用することができるかもしれません。

本書で述べてきたメディエーションや統合的葛藤解決は、いずれも、二者間のもめごとを統合的に解決することを目的とした技法でした。しかし、教師の方々は、しばしば、教室のような集団の中で発生したもめごとを解決する方法についても知りたいという場合があります。そのようなときには、どのような方法があるのでしょうか。

集団の中で生じたもめごとを解決する方法としては、ホ・オポノポノ（Ho'oponopono）（Shook, 1986；2008 など）やワールドワーク（Mindell, 1990；2013 など）が参考になるかもしれません。ホ・オポノポノは、ハワイ語で「ものごとを適正な状態にするという意味」の言葉であり、ハワイ先住民の間で、家族や地域共同体の中で生じたもめごとを解決するために用いられてきたファシリテーションの方法です。ワールドワークは、プロセスワークを多人数グループや組織、コミュニティのもめごとを解決するために応用したファシリテーションの方法です。関心のある方は、前述の文献を参照してみてください。

あとがき

もめごとの統合的解決という方法を、最初に筆者に紹介してくださったのは、現在、明治学院大学名誉教授になられた井上孝代先生でした。思い返せば、約二〇年前に先生の授業でもめごと解決に関する理論をうかがったときから、「この概念が世の中に広まれば、もっと楽に生きられる人が増えるだろう」という予感がありました。しかし、その間、別のテーマで研究を続けてきた筆者が、本格的にもめごとの研究をするようになるとは、思ってもみませんでした。先日、日本カウンセリング学会第五〇回記念大会でお会いした際、井上先生はがっちりと握手をしてくださいました。先生からとびきりのエールをいただいたように感じられ、その手の温かさと力強さは忘れられません。記して感謝いたします。

本書は、筆者の初めての単著となります。本書の執筆は戸惑いの連続でした。そして、その戸惑いは、執筆以前から始まっていました。本書を書こうかどうしようかと悩んでいるとき、「こころとからだの相談室アルケミア」の岸原千雅子先生は、ときにそっと、ときに真っ正面から、力強く背中を押してくださいました。また、恩師・諸富祥彦先生は、「どんどんチャレンジしたらいいよ‼」とアドバイスをくださいました。お二人の励ましがなければ、本書が世に出ることはありえませんでした。応援してくださったことを感謝致します。

また、実際に執筆を始めてからは、編集の工程において、金子書房編集部のみなさま、とくに亀井千是氏に、たいへんお世話になりました。何もわからない筆者に、編集の工程や具体的な作業などを丁寧に教えてくださいました。また、金子書房は、雑誌『児童心理』を通して、「統合的葛藤解決スキル」という言葉を初めて世に出してくださった出版社です。その金子書房からもめごと解決に関わる書籍を出版していただけることを、心から嬉しく思います。どうもありがとうございました。

そして、本書を読んでくださった読者のみなさま。スクールカウンセラーとして先生方のお手伝いをさせていただいて。あるいは、一人の保護者として子どものもめごとを目の当たりにして。筆者はみなさまを、子どものもめごと解決に心を砕く、かけがえのない同志であるように感じています。これからも同志として、ともに精進していきましょう。

なお、「もめごと」を「未ケンカ」の状態まで含めて捉えるアイディアは、札幌市立札苗中学校の宮谷光輝先生との議論によるところが大きい。記して感謝いたします。

最後に。日々の生活を通して、筆者自身の統合的葛藤解決スキルを鍛えてくれる、息子・結伍と、それを温かく見守ってくれる妻・香織に、心から感謝します。

益子　洋人

文　献

Akballk, F. G. (2001). Validity and reliability study of the conflict resolution skills scale. *The Journal of Turkish Psychologists Association 2*, *15*, 1-15 (in Turkish).（cited from Seren, S., & Ustun, B. (2008). Conflict resolution skills of nursing students in problem-based compared to conventional curricula. *Nurse Education Today*, *28*, 393-400.）

安藤 俊介（2015）．この怒り何とかして‼と思ったら読む本　リベラル社（発行），星雲社（発売）

安藤 俊介（監修）（2016）．今日から使えるアンガーマネジメント　怒らず伝える技術　ナツメ社

Barki, H. & Hartwick, J. (2004). Conceptualizing the construct of interpersonal conflict. *International Journal of Conflict Management, 15*, 216-244.

Bazerman, M. H. (1983). Negotiator judgment: A critical look at the rationality assumption. *American Behavioral Scientist, 27*, 211-228.

藤原 忠雄（2006）．学校で使える５つのリラクセーション技法　ほんの森出版

福野 光輝・土橋 美幸（2015）．対人葛藤解決における間接方略の遍在性　山形大学人文学部研究年報 , *12*, 1-20.

Galtung, J. (1998). *Conflict transformation by peaceful means: The transcend method.* Geneva：United Nations.（ガルトゥング, J.　伊藤 武彦（編）奥本 京子（訳）（2000）．平和的手段による紛争解決の転換［超越法］ 平和文化）

平木 典子（2015）．アサーションの心――自分も相手も大切にするコミュニケーション――　朝日新聞出版

廣瀬 清人・菱沼 典子・印東 桂子（2009）．マズローの基本的欲求の階層図への原典からの新解釈　聖路加看護大学紀要 , *35*, 28-36.

本田 恵子（2002）．キレやすい子の理解と対応――学校でのアンガーマネージメント・プログラム――　ほんの森出版

本田 真大・益子 洋人（2017）．障害理解教育と統合的葛藤解決スキルを組み合わせた実践の効果検証――多様性に寛容な態度とスキルの育成――　日本カウンセリング学会第 50 回大会発表論文集 , 185.

池島 徳大（2013）．いじめ解決の視点とピア・メディエーション導入の意義　月

報司法書士, *496*, 14-21.

池島 徳大（監修・著）竹内 和雄（著）(2011). ピア・サポートによるトラブル・けんか解決法！　ほんの森出版

井上 孝代 (2005). あの人と和解する――仲直りの心理学――　集英社新書.

加藤 司 (2000). 大学生用対人ストレスコーピング尺度の作成　教育心理学研究, *48*, 225-234.

経済産業省・日本商事仲裁協会・日本仲裁人協会・調停人養成教材作成委員会 (2006). 調停人養成教材 2006 年度版〈http://www.jcaa.or.jp/training2006/2006top.html〉(2017 年 11 月 25 日)

Kelly, H. H. (1987). Toward a taxonomy of interpersonal conflict process. In S.Oskamp & S.Spacapan (Eds.). *Interpersonal process: The Claremont symposium on applied social psychology*. NewburyPark, CA:Sage, pp. 122-147.

古村 健太郎・戸田 弘二 (2008). 親密な関係における対人葛藤　北海道教育大学紀要（教育科学編）, 58, 185-195.

レビン小林 久子 (1998). 調停者ハンドブック――調停の理念と技法――　信山社出版

レビン小林 久子 (1999). 調停ガイドブック――アメリカの ADR 事情――　信山社出版

益子 洋人 (2010). 葛藤解決の力を高める――統合的葛藤解決スキルのトレーニング――　児童心理, *64*(18), 131-136.

益子 洋人 (2013a). 大学生における統合的葛藤解決スキルと過剰適応との関連――過剰適応を「関係維持・対立回避的行動」と「本来感」から捉えて――教育心理学研究, *61*, 133-145.

益子 洋人 (2013b). 統合的葛藤解決スキル尺度（ICRS-S）から見た調停人養成研修の効果　月刊日本行政, *492*, 12-13.

益子 洋人 (2015). 青年期の発達段階と葛藤経験が統合的葛藤解決スキルに及ぼす影響　北海道教育大学紀要（教育科学編）, *65*, 35-43.

益子 洋人 (2017). 教員養成課程に在籍する大学生の統合的葛藤解決スキルの向上を目指す心理教育プログラムの効果　学校メンタルヘルス, *19*, 142-152.

益子 洋人・本田 真大 (2017). 統合的葛藤解決スキルと学校適応感, ストレス反

応の変化——中学生を対象とした心理教育プログラムの効果検討——　日本カウンセリング学会第 50 回大会発表論文集 , 184.
松下 一世（2009）．ネット世界で受ける攻撃の辛さ——「ケータイを見なければいい」が子どもに通じないわけ——　児童心理 , *63*(13), 100-104.
Mehrabian, A. (1981). *Silent messages: Implicit communication of emotions and attitudes(2nd ed.)*. Belmont, CA：Wadsworth Publishing Company.
Mindell, A. (1990). *Year One: Global Process Work: Community Creation from Global Problems, Tensions and Myths (Arkana)*. London, Penguin Books.（ミンデル，A. 富士見 ユキオ（監訳）青木 聡（訳）（2013）．ワールドワーク——プロセス指向の葛藤解決，チーム・組織・コミュニティ療法——　誠信書房）
諸富 祥彦（2010）．はじめてのカウンセリング入門（下）　ほんものの傾聴を学ぶ　誠信書房
大渕 憲一（2015）．紛争と葛藤の心理学——人はなぜ争い，どう和解するのか——　サイエンス社
岡本 悠・井上 孝代（2014）．青年期における対人葛藤が解決するまでのプロセス　心理臨床学研究 , *32*, 502-512.
Rahim, M. A., & Bonoma, T. V. (1979). Managing organizational conflict: A model for diagnosis and intervention. *Psychological Reports, 44*, 1323-1344.
Shook, E. V. (1986). *Ho'oponopono: Contemporary uses of a Hawaiian problem-solving process*. Honolulu, HI: University of Hawaii Press.（シューク，E. V. 山下 英三郎（訳）（2008）．ハワイ式問題解決法ホ’オポノポノ　学苑社）
鈴木 伸子・松本 真理子・坪井 裕子・野村 あすか・森田 美弥子（2016）．小中学生における対人葛藤解決方略と QOL との関連——授業中の意見相違場面に焦点をあてて——　愛知教育大学教育臨床総合センター紀要 , *6*, 55-62.
鈴木 伸子・松本 真理子・坪井 裕子・野村 あすか・垣内 圭子・大矢 優花・畠垣 智恵・森田 美弥子（2014）．小学生の対人葛藤解決方略と QOL—授業中の意見相違場面に焦点をあてて—　学校メンタルヘルス , *17*, 152-161.
Thomas, K.W. (1976). Conflict and Conflict Management. in M. D.Dunnette (Ed.). *Handbook of Industrial and Organizational Psychology*. Chicago, IL: Rand Mcnally. pp. 889-938.

Thomas, K. W. & Kilmann, R. H. (1974). *Thomas-Kilmann conflict mode instrument.* Tuxedo, NY: Xicom.

Trinity Chambers. (2015). What Is Shuttle Mediation? 〈http://www.trinitychambers.com/shuttle-mediation/〉（2017 年 7 月 25 日）

和田 仁孝・中西 淑美（2011）．医療メディエーション――コンフリクト・マネジメントへのナラティブ・アプローチ――　シーニュ

和田 仁孝（監修）安藤 信明・田中 圭子（著）（2015）．調停にかかわる人にも役立つメディエーション入門　弘文堂

渡辺 弥生・鈴木 菜々（2015）．児童期における対人葛藤場面での対人交渉方略と対人文脈――友人，親，教師との関係から――　法政大学文学部紀要，*71*, 113-123.

八代 京子（監修）鈴木 有香（著）（2004）．交渉とミディエーション――協調的問題解決のためのコミュニケーション――　三修社

Yeates, K. O., & Selman, R. L., (1989). Social competence in the schools: Toward an integrative developmental model for intervention, *Developmental Review*, *9,* 64-100.

吉田　勇（2011）．対話促進型調停論の試み　成文堂

著者紹介
益子　洋人（ましこ・ひろひと）

北海道教育大学准教授
明治学院大学文学部卒業。明治学院大学大学院文学研究科修士課程，明治大学大学院文学研究科博士後期課程修了。博士（人間学）。臨床心理士。栃木県スクールカウンセラー，明治大学文学部助教等を経て現職。明治大学諸富祥彦教授に師事し，学校における子どものもめごと解決を検討するため，ADR カウンセリング研究会を主宰。NPO 法人フレンズネット・北海道理事。JSNS 認定交渉アナリスト補。日本カウンセリング学会「学校カウンセリング－松原記念賞－」(2013 年)，日本学校メンタルヘルス学会「最優秀論文賞・中島一憲記念賞」(2017 年)を受賞。北海道教育大学大学教育開発センターによる授業評価アンケートでは，「分かりやすく面白く，ためになる」と回答する学生が常に9割を超えている。主要論文に，「教員養成課程に在籍する大学生の統合的葛藤解決スキルの向上を目指す心理教育プログラムの効果」(2017 年,『学校メンタルヘルス』第 19 巻 2 号)，訳書に，『子どもの社会性づくり 10 のステップ』（共訳，2005 年，金子書房）がある。

教師のための
子どものもめごと解決テクニック

2018年２月10日　初版第１刷発行　　　検印省略

著　者　益子洋人
発行者　金子紀子
発行所　金子書房

〒112-0012　東京都文京区大塚３－３－７
電話 03-3941-0111㈹
FAX 03-3941-0163
振替 00180-9-103376
URL http://www.kanekoshobo.co.jp

印刷＝藤原印刷株式会社
製本＝株式会社宮製本所

ISBN 978-4-7608-2416-8　C3037